AF453756

PETIT COURS

DE

DESSIN LINÉAIRE

MIS A LA PORTÉE DES ENFANTS

PAR

UN ANCIEN INSTITUTEUR

PARIS

CÉLESTIN GAUGUEL, LIBRAIRE-ÉDITEUR

18, RUE HAUTEFEUILLE, 18

—

1868

De la ligne.

Le dessin est l'art de représenter, sur le papier, les objets qui se trouvent dans la nature. Cette représentation se fait au moyen de lignes ou traits, et l'ensemble des lignes, qui composent le même dessin, se nomme figure.

Il y a trois espèces de lignes savoir : la ligne *droite*, la ligne *brisée* et la ligne *courbe.*

La ligne droite est celle qui suit la direction des rayons visuels, et elle est la plus courte distance d'un point à un autre (fig. 1). La ligne brisée est une suite de lignes droites qui se coupent deux à deux (fig. 2.) La ligne courbe est la limite vers laquelle tend une ligne brisée dont les éléments deviennent de plus en plus petits (fig. 3).

La ligne droite prend différents noms, suivant la position qu'elle occupe, ainsi : elle est *horizontale*, quand elle suit la direction d'une règle, placée sur l'eau dormante (fig. 4); elle est *verticale*, quand elle suit la direction du fil à plomb (fig. 5); elle est *oblique*, quand elle penche d'un côté ou de l'autre (fig. 6).

La rencontre de deux lignes forme un *angle*, le point où les lignes se rencontrent se nomme *sommet* (fig. 7).

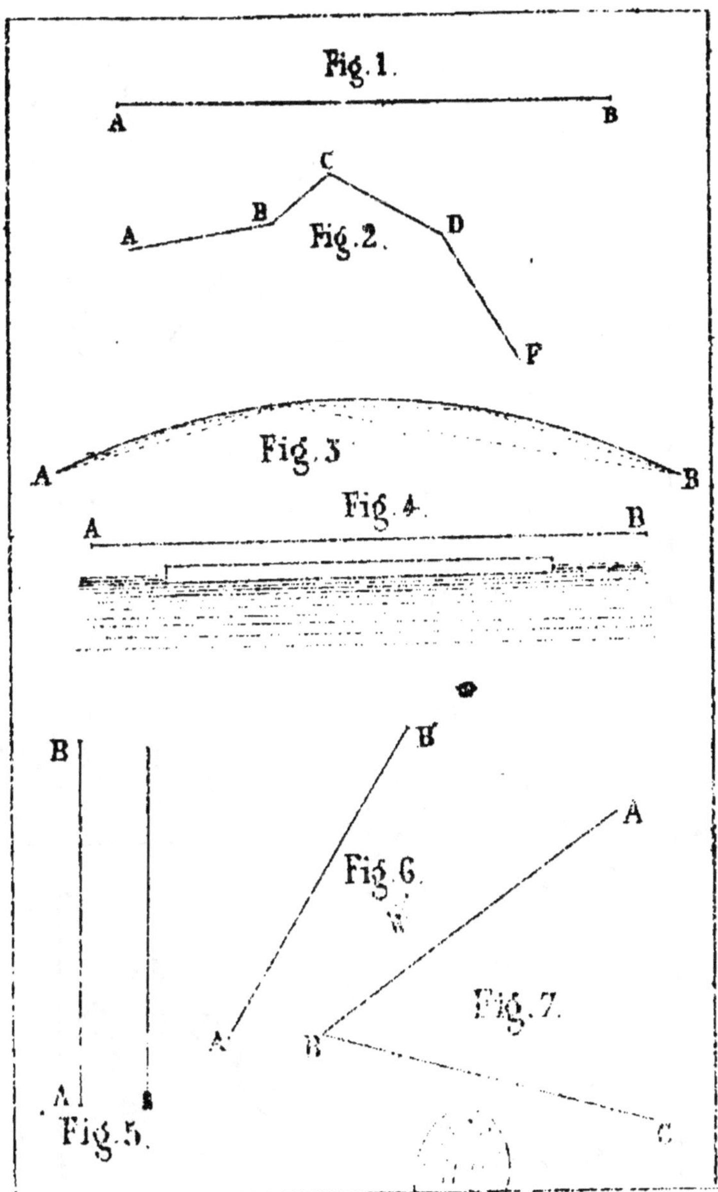
Fig. 1.
A
B
C
A
B
Fig. 2.
D
F
Fig. 3
A
B
Fig. 4.
A
B
B
A
Fig. 6.
A
Fig. 7.
A
B
C
Fig. 5.

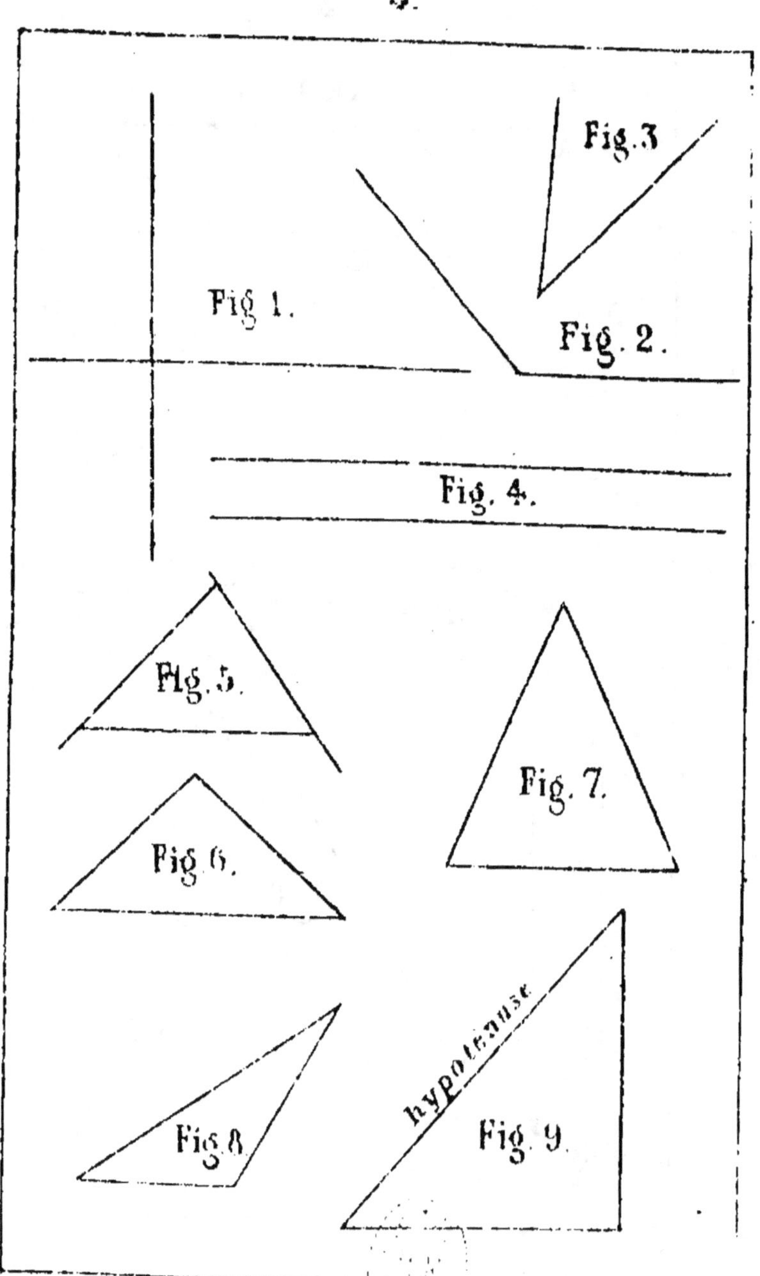

4.
Fig. 3
Fig 1.
Fig. 2.
Fig. 4.
Fig. 5.
Fig. 7.
Fig 6.
hypotenuse
Fig 8
Fig 9.

Lorsque deux lignes droites se coupent elles forment plusieurs angles : si ces angles sont égaux, c'est-à-dire que, s'ils ont la même ouverture, ils sont nommés *angles droits* et les deux lignes droites sont perpendiculaires l'une sur l'autre (fig. 1). Si ces angles n'ont pas la même ouverture, ils sont appelés *angles obtus*, quand ils sont plus ouverts que l'angle droit (fig. 2); *angles aigus*, quand ils sont moins ouverts (fig. 3).

Deux lignes situées dans le même plan sont *parallèles*, quand elles ne peuvent se rencontrer, si on les prolonge indéfiniment (fig. 4).

Si par les deux extrémités ou par deux points, pris au hasard, d'une ligne droite, on en trace deux autres qui se rencontrent entre elles, les trois lignes forment un *triangle* ou *polygone* (fig. 5). L'un des côtés du triangle est appelé *base*.

Un triangle est *équilatéral* quand les trois côtés sont égaux (fig. 6); *isocèle*, quand deux seulement sont égaux (fig. 7), dans ce cas le troisième côté est la base ; *scalène*, quand les trois côtés sont inégaux (fig. 8).

Un triangle est dit triangle *rectangle*, quand il a un angle droit. Le côté opposé à l'angle droit s'appelle *hypoténuse* (fig. 9).

Quand un polygone a plus de trois côtés, il prend les noms suivants, d'après le nombre de côtés : *quadrilatère*, quand il en a quatre ; *pentagone*, quand il en a cinq ; *hexagone*, quand il en a six, etc.

Le quadrilatère prend le nom de carré, si ses quatre côtés sont égaux et ses angles droits (fig. 1); la droite BC est appelée *diagonale*; de *rectangle*, si les côtés sont égaux deux à deux et les angles droits (fig. 2); de *parallélogramme*, si les côtés sont égaux deux à deux et que les angles ne soient pas droits (fig. 3) ; de *losange*, si les quatre côtés sont égaux et que les angles ne soient pas droits (fig. 4): de *trapèze*, si deux côtés sont parallèles sans être égaux (fig. 5).

Le quadrilatère qui a ses côtés inégaux est un quadrilatère *irrégulier* (fig. 6).

Du cercle.

On appelle *circonférence* une ligne courbe dont tous les points sont situés à la même distance d'un point intérieur appelé *centre* (o), fig. 7. La droite qui va du centre à la circonférence, s'appelle *rayon* (oA). Le *diamètre* est la droite qui joint deux points de la circonférence en passant par le centre (BC). La *corde* est la droite qui joint deux points de la circonférence sans passer par le centre (AC). Une portion de la circonférence s'appelle *arc* (AMC). Une *flèche* est une droite qui joint le milieu de la corde au milieu de l'arc (DM). Une tangente est une droite qui ne rencontre la circonférence qu'en un point (TN). Une sécante est une droite qui coupe la circonférence en deux points (SR).

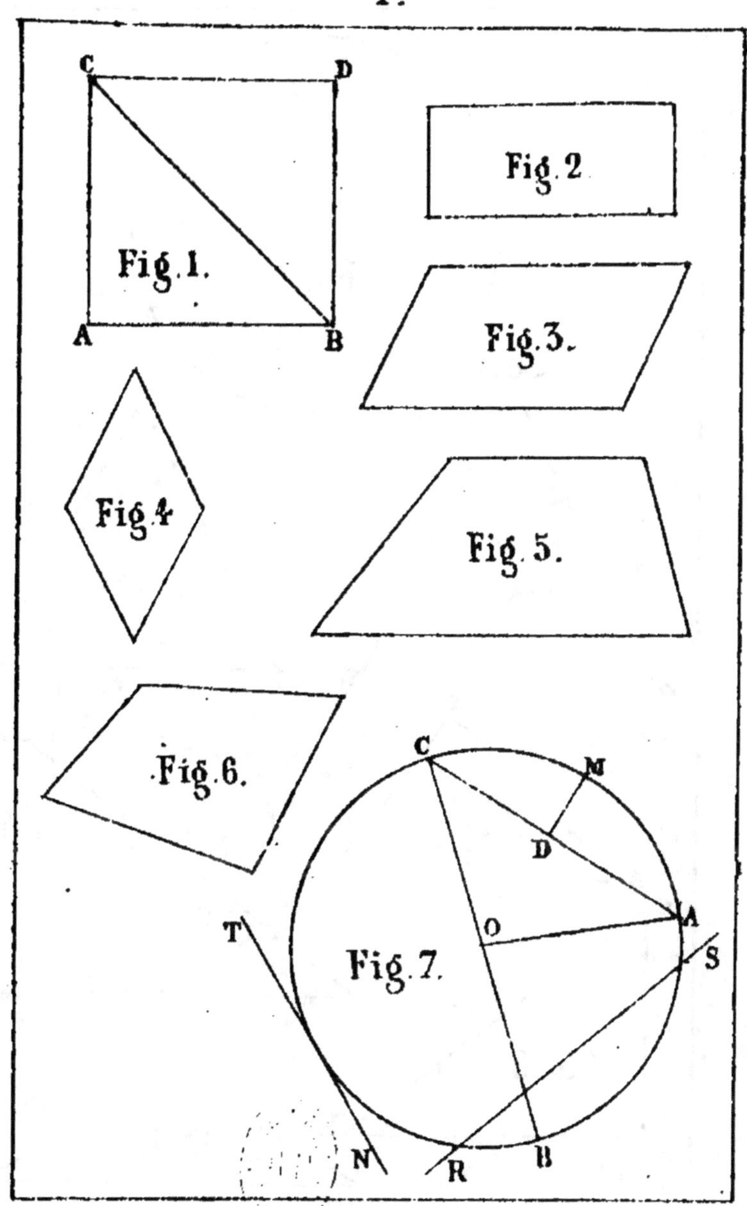
Fig. 1.
C
D
Fig. 1.
A
B
Fig. 2.
Fig. 3.
Fig. 4.
Fig. 5.
Fig. 6.
Fig. 7.
C
N
D
O
A
T
S
N
R
B

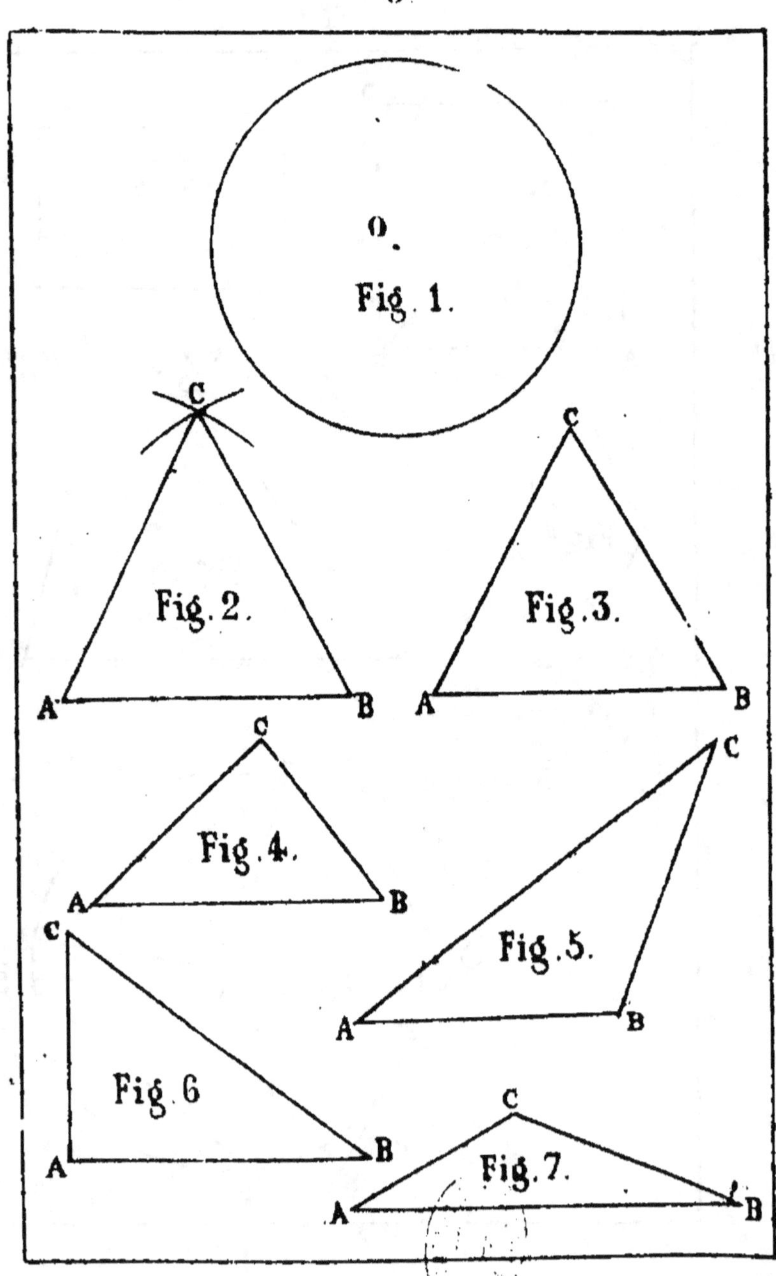
O.
Fig. 1.
C
Fig. 2.
A
B
C
Fig. 3.
A
B
C
Fig. 4.
A
B
C
Fig. 5.
A
B
C
Fig. 6
A
B
C
Fig. 7.
A
B

Pour tracer une circonférence on se sert d'un compas en plaçant la pointe sèche au centre et en faisant faire un tour au compas, de manière que l'autre pointe, qui porte un crayon ou un tire-ligne, touche la surface sur laquelle on veut tracer la circonférence (fig. 1).

Construction des triangles.

Pour construire un triangle ABC (fig. 2), on trace d'abord un des côtés, AB, par exemple ; du point A, comme centre, avec une ouverture de compas égale à AC, on décrit un arc de cercle ; du point B, comme centre, avec une ouverture de compas égale à BC, on en décrit un autre qui rencontre le premier au point C ; puis on trace les droites AC et BC.

On construit de la même manière les figures 3, 4, 5, 6 et 7.

Deux triangles dont l'un est plus petit que l'autre, mais qui ont les angles égaux chacun à chacun, sont semblables.

Il est bon de s'exercer à construire des triangles semblables, soit en doublant, triplant, quadruplant, etc., les côtés. Ainsi, si on prend un triangle qui aura pour base une longueur double de la base AB (fig. 2); que du point A, comme centre, avec un rayon double de AC, on trace un arc de cercle ; que du point B, comme centre, avec un rayon double de BC, on en trace un second qui rencontrera le premier en C, et qu'on mène les lignes droites AC et BC, on obtiendra un triangle semblable au premier.

Construction des quadrilatères.

La construction d'un quadrilatère quelconque est très-facile à exécuter, quand on connaît la construction d'un triangle, attendu qu'un quadrilatère peut toujours être décomposé en triangles. Ainsi pour construire le carré ABDC (fig. 1), on trace le côté AB, puis du point A comme centre, avec un rayon égal à AC, on trace un arc de cercle; du point B comme centre, avec un rayon égal à BC, on en trace un deuxième qui rencontre le premier au point C, on trace ensuite AC. Après avoir déterminé le point D de la même manière, on trace CD et DB pour terminer le carré.

On construit de même le rectangle (fig. 2), le parallélogramme (fig. 3), le losange (fig. 4), le trapèze (fig. 5), et le quadrilatère irrégulier (fig. 6).

Un polygone d'un plus grand nombre de côtés se construit de la même manière; ainsi, soit le polygone ABCDEF (fig. 7). Après avoir tracé le côté AB, du point A comme centre, avec une ouverture de compas égale à AF, on trace un arc de cercle; du point B comme centre, avec une ouverture de compas égale à BF on en trace un deuxième qui rencontre le premier au point F, puis traçant AF et BF, on obtient le triangle ABF. Connaissant la droite BF et opérant sur cette droite comme sur AB, on obtient le point E et le premier triangle BFE. Opérant de la même manière sur BF, on obtient le point D; en continuant ainsi, on arrive à construire un polygone d'un nombre quelconque de côtés.

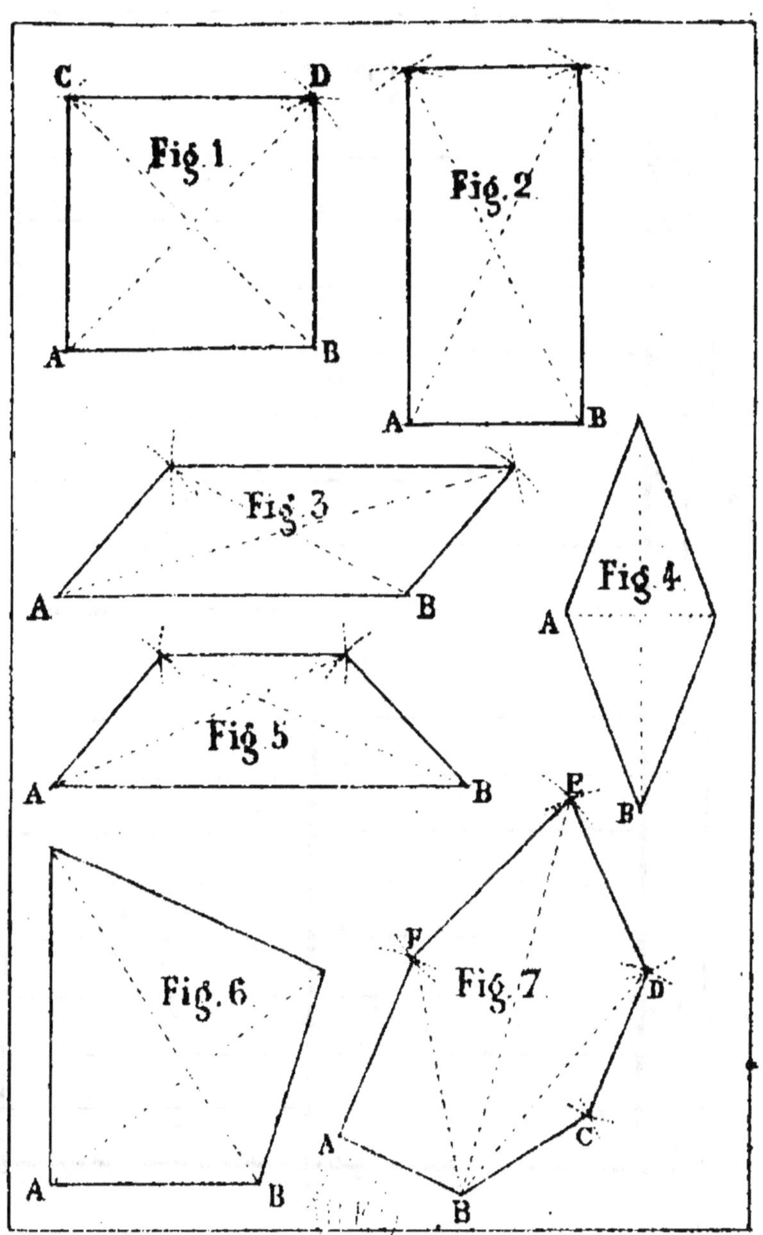

11.
C   D
Fig. 1
A   B
Fig. 2
A   B
Fig. 3
A   B
Fig. 4
A   B
Fig. 5
A   B
Fig. 6
A   B
Fig. 7
F
F
A   B   C   D

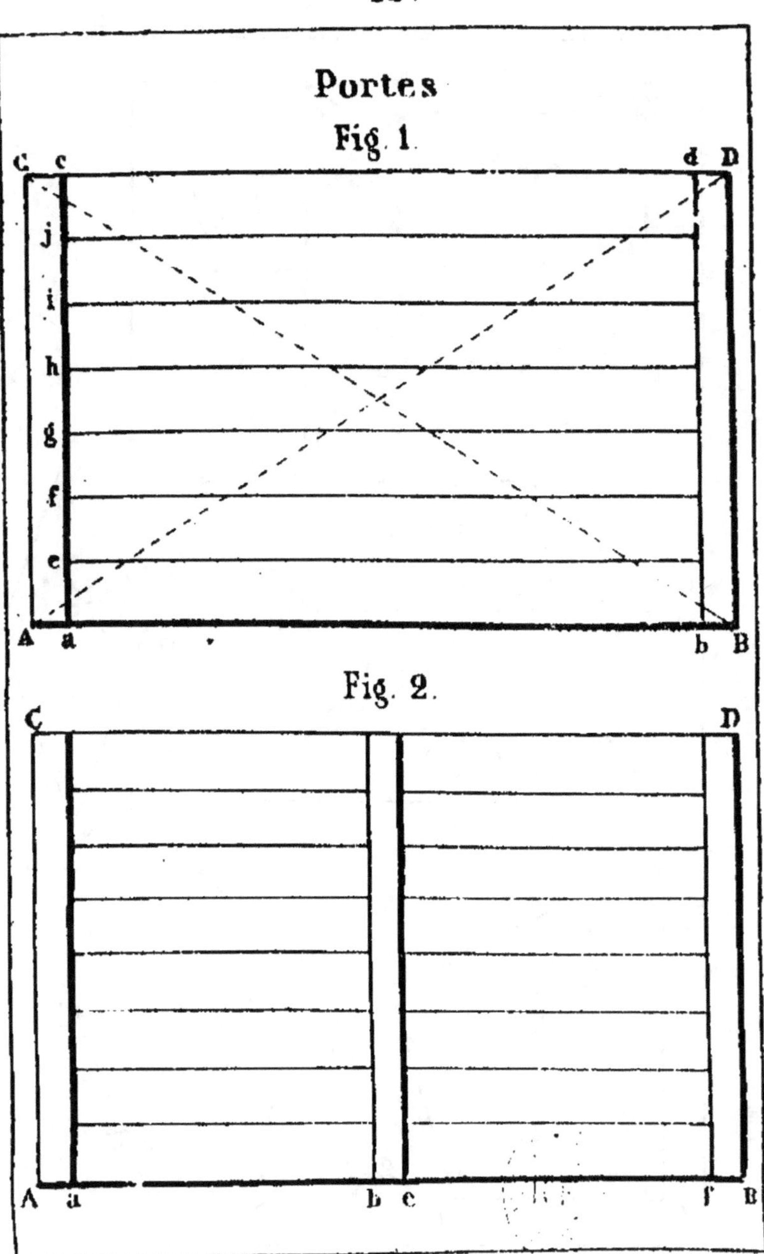

Portes
Fig. 1
C c j i h g f e A a b B d D
Fig. 2
C D A a b c f B

Il est bon de faire faire immédiatement de petits dessins très-simples, comme des portes, des cloisons, etc.

Soit à construire la porte pleine avec barres (fig. 1).

On trace le rectangle ABCD par le procédé déjà indiqué; puis à partir des quatre points A, B, C, D, on porte sur AB et CD la longueur Aa qui détermine les points a, b, c, d; ensuite on trace ac, bd pour former les traverses; des points a et b on porte sur ac et sur bd successivement les longueurs ae, af, ag, ah, ai, aj. Il n'y a plus qu'à tracer les droites qui doivent passer par ces points pour former les planches qui composent la porte.

Soit à construire la porte (fig. 2), dans laquelle il y a une traverse au milieu.

Après avoir tracé le rectangle ABCD, des points A et C on porte sur AB et sur CD successivement Aa, Ab, Ac, Af; on trace par ces points les lignes qui forment les trois traverses. Le tracé des planches se fait comme dans la (fig. 1).

Les élèves doivent avoir soin de se familiariser avec les différents traits, c'est-à-dire les traits simples et les traits forts ou d'ombre.

Pour le moment, nous nous bornons à indiquer la place de chacun d'eux; les élèves se la graveront bientôt dans la mémoire s'ils ont soin d'exécuter fidèlement nos dessins.

Les traits forts se placent à droite et en bas de chaque surface plane, à gauche et en haut dans les ouvertures. Les traits simples se placent dans toutes les autres positions.

Tracé des Perpendiculaires.

Elever une perpendiculaire sur une droite, c'est tracer, à partir d'un point de cette droite, une autre droite qui forme des angles droits.

Abaisser une perpendiculaire sur une droite, c'est tracer, d'un point pris en dehors de cette droite, une autre droite qui vienne rencontrer la première en formant avec elle des angles droits.

Elever une perpendiculaire avec le compas :

1° Sur le milieu d'une droite AB (fig. 1).

Des points A et B comme centres, on décrit, avec la même ouverture de compas, deux arcs de cercle qui se rencontrent au point C au-dessus de la droite AB, et on trace par le point C et par le milieu de AB la perpendiculaire CD.

2° En un point quelconque O de AB (fig. 2).

On porte sur AB, de chaque côté du point O, les longueurs égales OC et OD, et on décrit de ces points, comme centres, avec la même ouverture de compas, des arcs de cercle comme dans la (fig. 1).

3° A l'extrémité A de AB (fig. 3).

Si on peut prolonger cette droite au delà du point A on n'opère comme dans la (fig. 2). Si on ne peut la prolonger, on opère comme il suit : On prend un point quelconque C (fig. 4) sur la droite, du point C comme centre, et avec AC comme rayon on décrit un arc de cercle, du point A on en décrit un second avec le même rayon, et du point O où ils se coupent, avec le même rayon on en décrit un troisième. Par les points C et O on trace une droite qui rencontre le troisième arc au point F, puis on trace par les points A et F la perpendiculaire demandée.

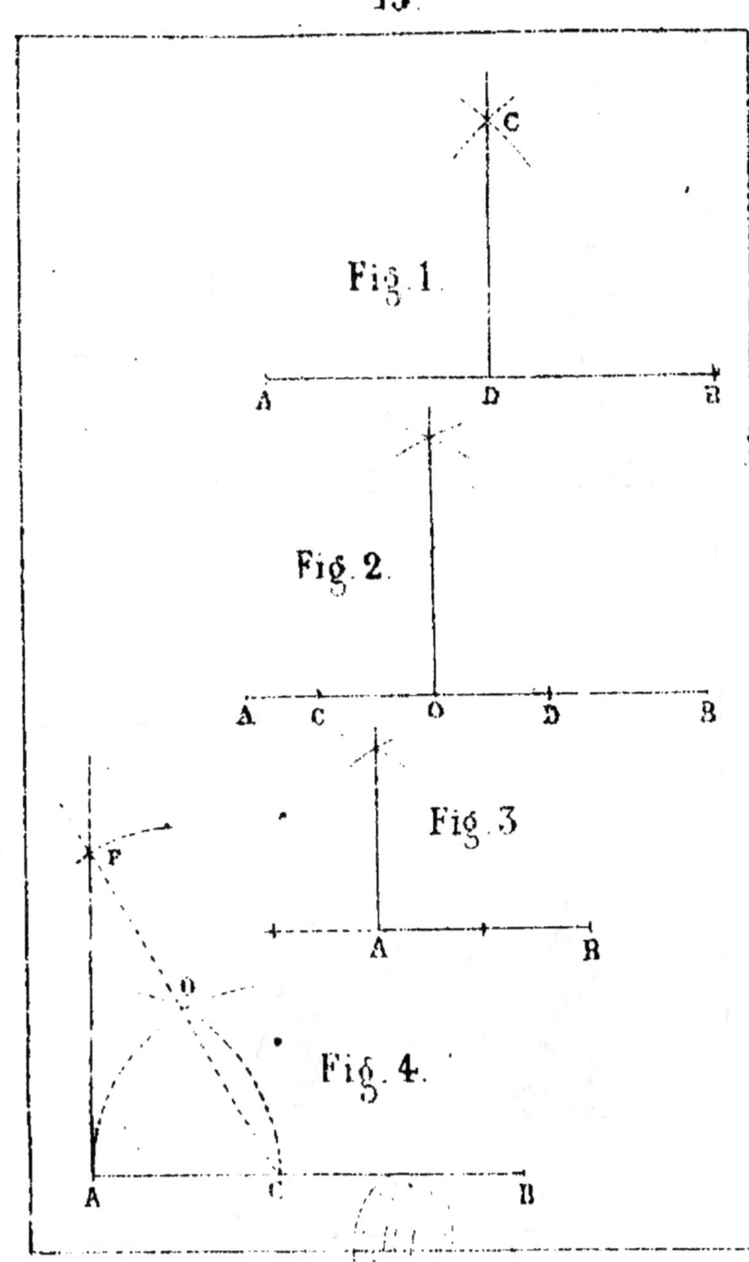
Fig. 1
C
A D B
Fig. 2
A C O D B
Fig. 3
A B
Fig. 4
P
O
A C B

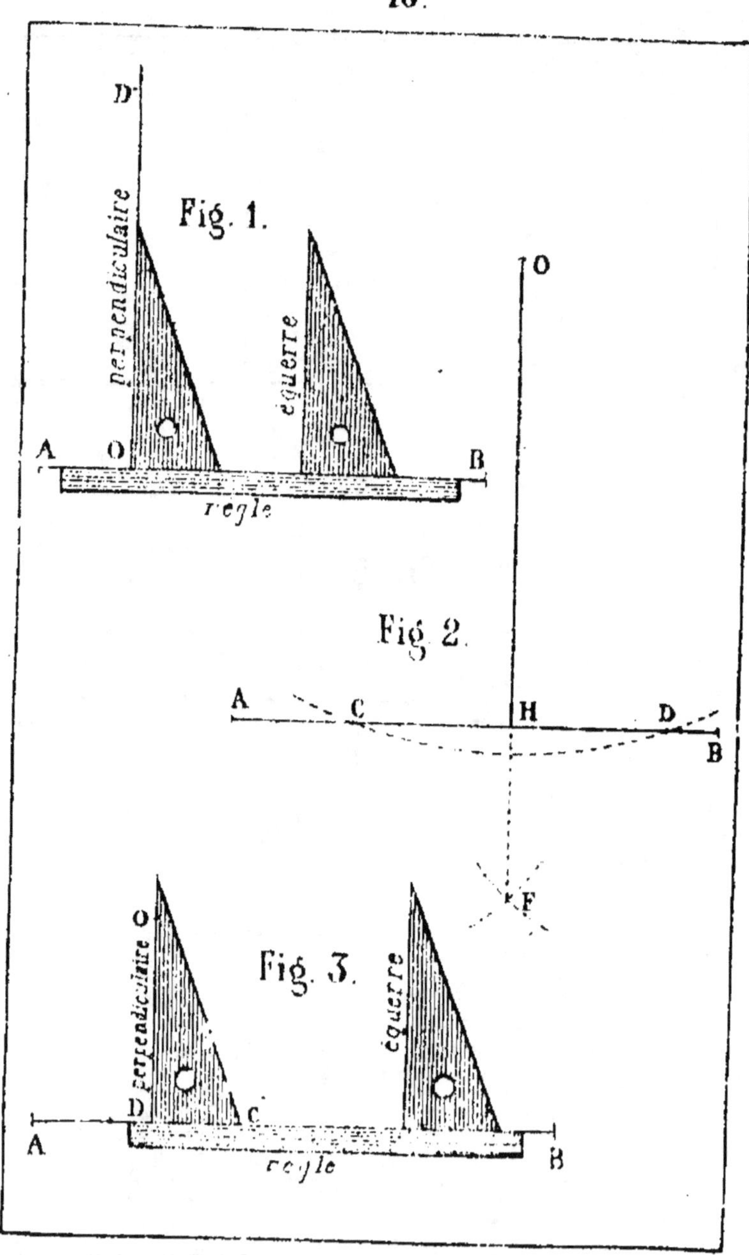

Fig. 1.
perpendiculaire
équerre
A
O
B
règle
O
Fig. 2.
A
C
H
D
B
F
Fig. 3.
perpendiculaire
équerre
O
D
C
A
B
règle

Elever une perpendiculaire avec l'équerre.

Soit la droite AB (fig. 4), sur laquelle on veut élever une perpendiculaire avec l'équerre au point O; on place une règle sur cette droite, puis on fait glisser le long de cette règle une équerre jusqu'à ce que l'angle droit de l'équerre soit au point O, puis on trace par le point O, en suivant l'équerre, la perpendiculaire OD.

Abaisser une perpendiculaire avec le compas.

Soit la droite AB (fig. 2), sur laquelle il faut abaisser du point O une perpendiculaire. Du point O comme centre et avec un rayon assez grand pour couper AB en deux points, on décrit un arc de cercle qui coupe AB aux points C et D. Des points C et D, comme centres et avec le même rayon, on en décrit deux autres qui se coupent au point F. On trace par les points OF la droite OH, qui est la perpendiculaire demandée.

Abaisser une perpendiculaire avec l'équerre.

Soit le point O (fig. 3) duquel il faut abaisser sur la ligne AB une perpendiculaire. Pour cela on place une règle sur AB, puis on fait glisser un des côtés de l'angle droit d'une équerre contre la règle, jusqu'à ce que l'autre côté de l'angle droit passe au point O, puis par ce point O on trace, en suivant l'équerre, la perpendiculaire OD.

Tracé des parallèles au compas.

Soit la droite AB (fig. 1), à laquelle il faut tracer une parallèle. — En un point quelconque O de AB, on trace une demi-circonférence qui rencontre AB aux points C et D. De ces points, on porte sur la demi-circonférence des cordes égales CE et DF; par les points EF on trace la droite EF, qui est parallèle à AB.

On peut encore opérer de la manière suivante : des points A et B (fig. 2) comme centres, on trace deux arcs de cercle de même rayon, du même côté de la droite; on porte sur ces arcs des cordes égales, CD et EF par exemple, et on trace la droite DE, qui est parallèle à AB.

Tracé des parallèles à l'équerre.

Généralement on préfère tracer les parallèles au moyen de l'équerre, attendu que la construction est plus tôt exécutée.

Soit la droite AB (fig. 3), à laquelle il faut mener une parallèle. — Pour cela on place l'équerre de manière que l'un des côtés de l'angle droit soit sur la ligne, puis on place une règle le long de l'autre côté de l'angle. Sans changer la règle, on fait glisser l'équerre contre cette règle. Il est évident que si on trace, en suivant le côté de l'équerre qui ne touche pas à la règle, une ligne droite, cette droite sera parallèle à AB.

Quand on connaît le tracé des parallèles, il est bon d'apprendre à diviser les lignes en un certain nombre de parties égales.

Soit AB (fig. 4) à partager en 5 parties égales. — Par le point A on trace une droite AD, sur laquelle on porte 5 quantités égales; la dernière tombe au point C. On joint le point C au point B; par chacun des points de division, on trace des parallèles à BC, et la ligne AB est divisée en 5 parties égales.

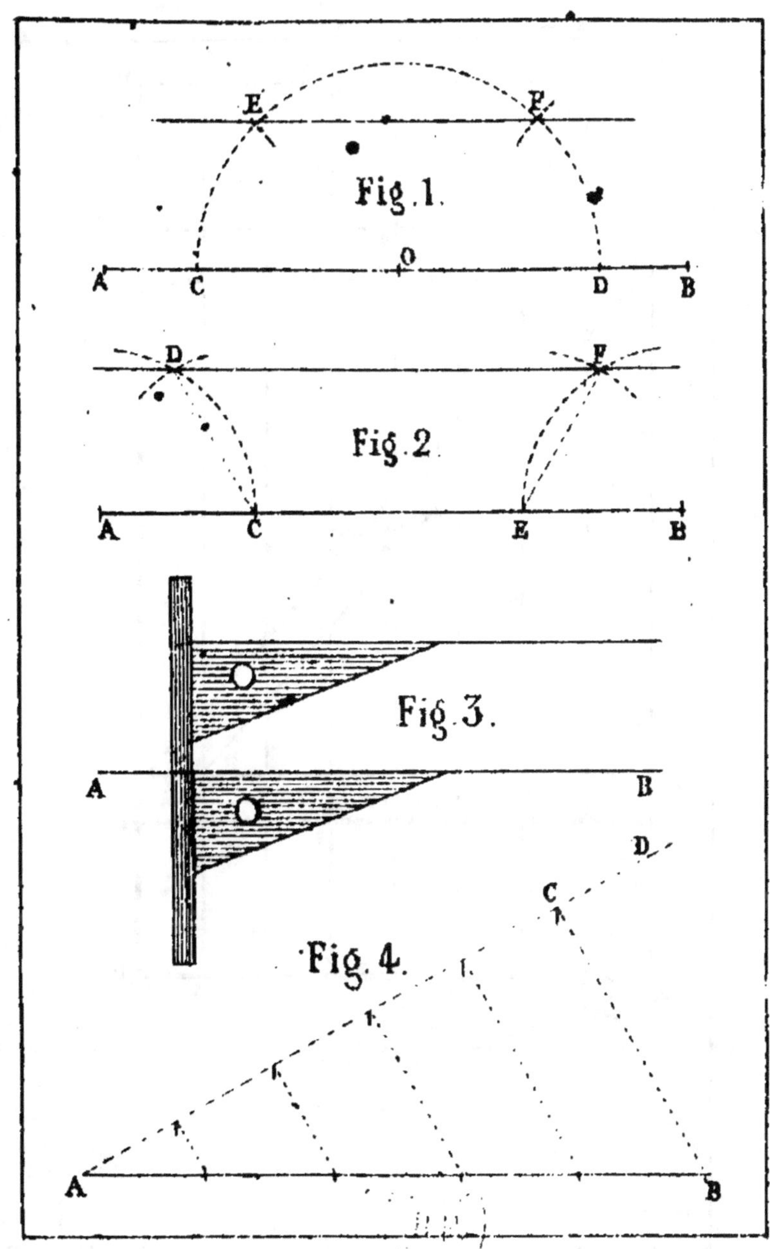
Fig. 1.
E F
A C O D B
Fig. 2.
D F
A C E B
Fig. 3.
A B
Fig. 4.
C D
A B

20.

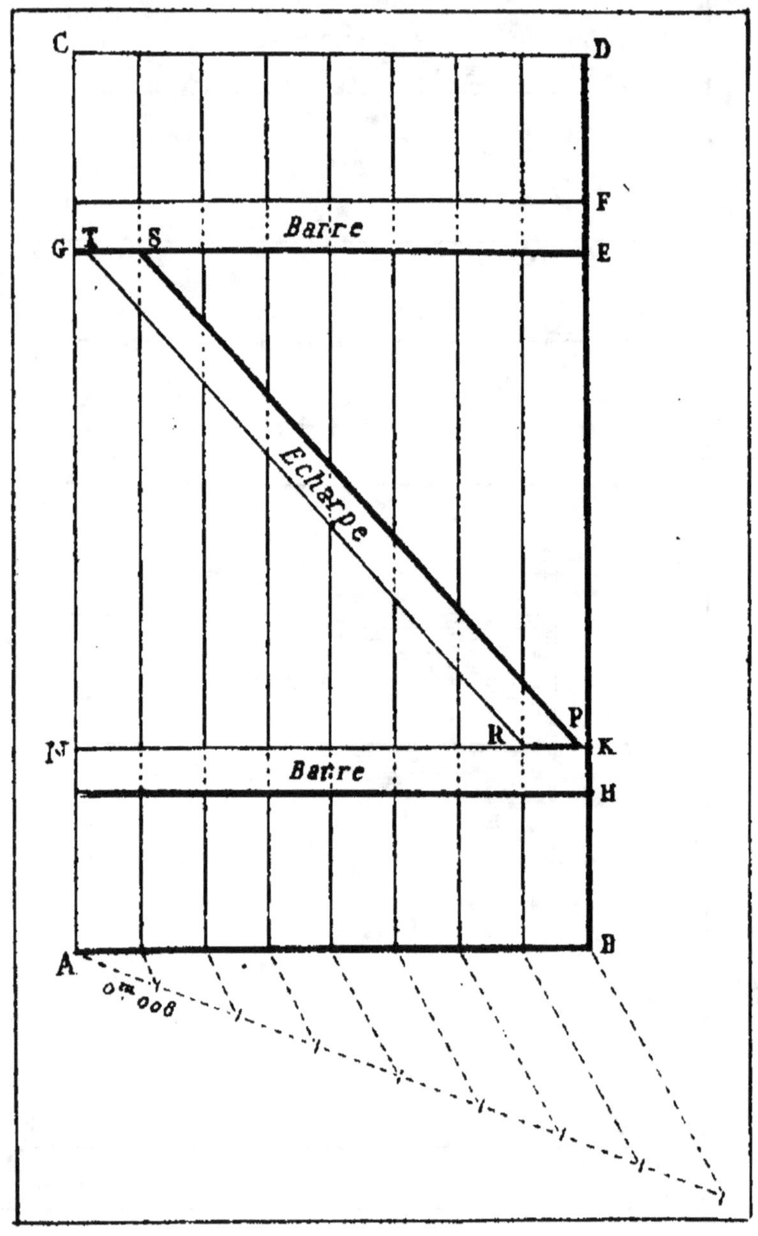

Lorsque tout ce qui précède est bien compris, on peut s'exercer à dessiner de petits dessins simples et gradués. Nous recommandons aux élèves de les suivre avec beaucoup de soin et de ne jamais copier directement chaque dessin, mais d'en doubler ou tripler les dimensions, suivant la grandeur qu'on veut leur donner. Nous leur recommandons aussi de prendre les mesures autant qu'il sera possible avec le double décimètre, afin qu'ils apprennent de bonne heure à s'en servir.

Nous avons déjà donné deux petits dessins sur la construction des portes ; avant de passer à autre chose, il faut que les élèves soient habitués à construire une porte quelconque, et qu'ils se familiarisent avec tous les termes techniques.

Étant donnée la porte (fig. 1).

Cette porte, d'une construction très-simple, est dite porte avec barres. Elle est composée de huit planches égales en longueur et en largeur, de deux barres destinées à les relier entre elles et clouées parallèlement et horizontalement sur ces planches, et d'une écharpe oblique servant à empêcher les planches et les barres de se mouvoir dans le sens de la longueur de la porte.

Pour construire cette porte, après avoir fait le rectangle ABCD, on partage la base AB en huit parties égales, et par chaque point de division on mène des parallèles au côté AC, on porte sur BD à partir du point B successivement la longueur BH, BK, BE, BF et on mène des parallèles à AB par tous ces points. Pour tracer l'écharpe on porte sur KN les longueurs KP et KR, puis sur EG les longueurs ES et ET pour tracer RT et PS.

Construire la porte à panneaux (fig. 1).

Après avoir tracé le rectangle ABCD et porté sur AB les longueurs AE et AF, on trace EH et FG parallèlement à AC ce qui forme les montants de la porte. On porte sur EH à partir du point E les longueurs EK, EI, EJ, EL, par les points K, I, J, L on mène des parallèles à AB, les traverses se trouvent formées. On trace les deux petits rectangles qui se trouvent sur les deux panneaux.

Les deux montants et les deux traverses extrêmes forment le bâti, et ce qui se trouve entre le bâti et la traverse du milieu forme les panneaux. Le petit rectangle qui se trouve sur les panneaux, indique que les panneaux diminuent d'épaisseur dans cet endroit en se rapprochant du bâti et de la traverse.

La porte (fig. 2) se construit exactement comme la première, ensuite on trace dans le panneau inférieur deux diagonales, ces diagonales indiquent que le panneau est plus épais à leur point de rencontre et qu'il va en diminuant de chaque côté.

Il faut avoir soin de ne pas oublier les traits forts et les traits faibles.

Il faut également avoir soin de faire des traits très-purs, c'est-à-dire partout de même grosseur.

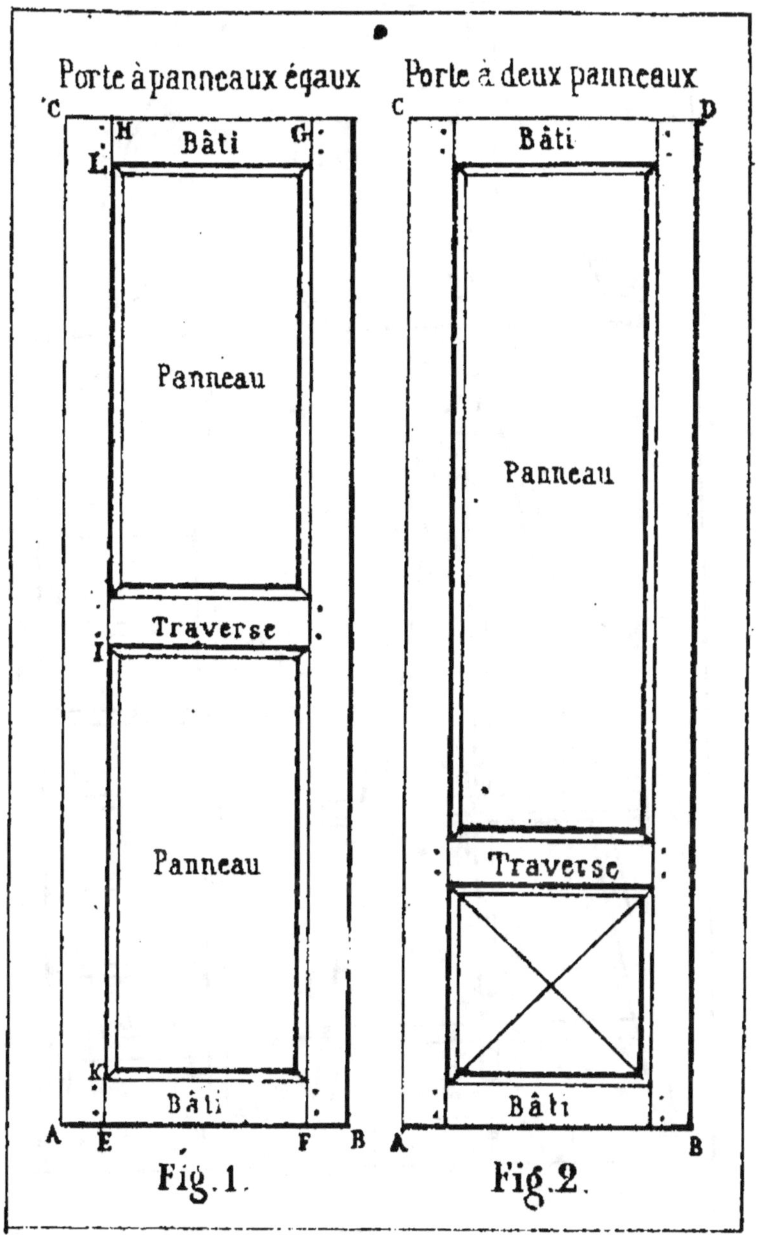
Porte à panneaux égaux
C
H   Bâti   G
L
Panneau
Traverse
I
Panneau
K
Bâti
A E   F B
Fig. 1.
Porte à deux panneaux
C   D
Bâti
Panneau
Traverse
Bâti
A   B
Fig. 2.

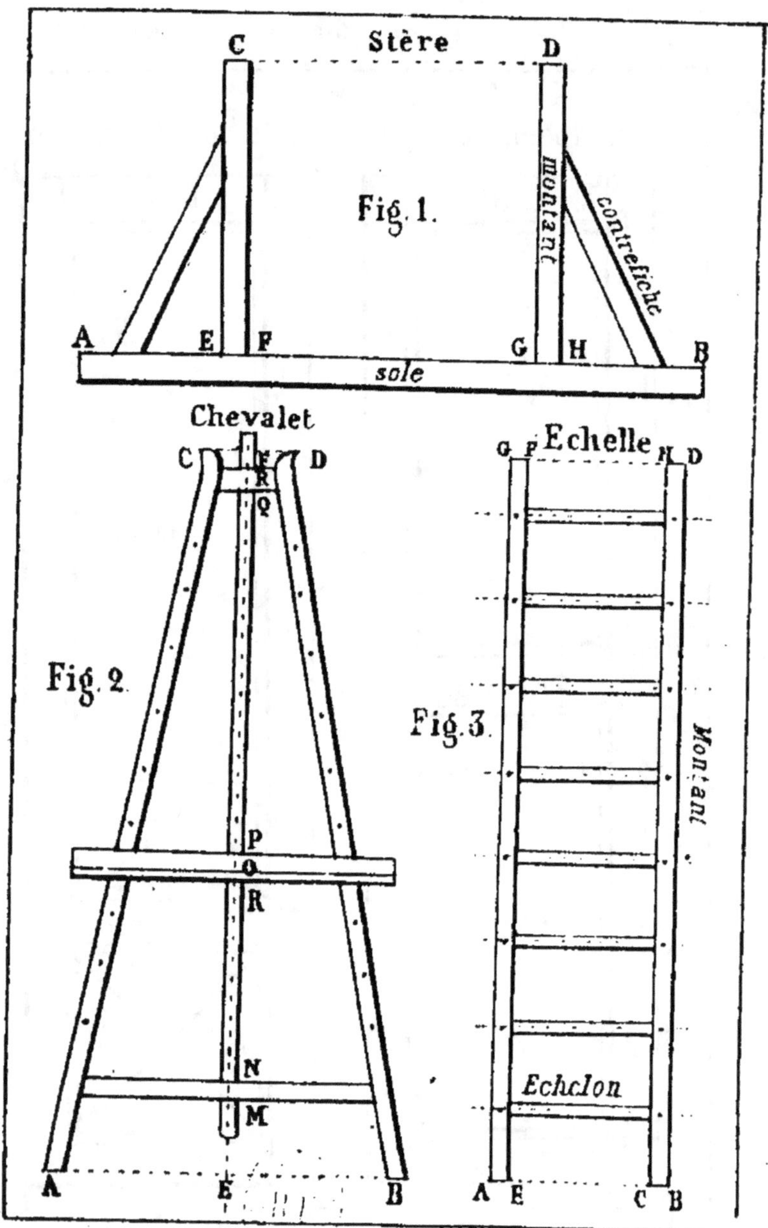
Stère
C
D
Fig. 1.
montant
contrefiche
A
E
F
G
H
B
sole
Chevalet
C
F
D
R
Q
Fig. 2
P
O
R
N
M
A
E
B
Echelle
G
F
H
D
Fig. 3
Montant
Echelon
A
E
C
B

Construire une membrure servant à mesurer le bois de chauffage (fig. 1).

Après avoir tracé la sole, on porte sur AB à partir du point A les longueurs AE, AF, AG, AH ; par chacun des points E, F, G, H, on élève des perpendiculaires auxquelles on donne la longueur EC, puis on achève les montants. Quant aux contre-fiches on marque leur écartement sur la sole, leur hauteur sur les montants et on joint les points deux à deux.

Construire l'échelle (fig. 2).

On élève sur la base AB, aux points A, E, C et B, quatre perpendiculaires auxquelles on donne la longueur de AG, ce qui forme les deux montants. On partage ensuite un des montants en autant de parties égales qu'il y a d'échelons ; on trace par chacun des points de division des parallèles à AB. Pour avoir l'épaisseur des échelons on porte de chaque coté des parallèles à AB, une longueur égale à la moitié d'un échelon et on mène des parallèles.

Construire un chevalet.

Après avoir tracé le pied EF, on marque sur ce pied les points M, N, O, P, Q, R par lesquels on mène des perpendiculaires à EF. Marquant ensuite la longueur de chaque traverse, il n'y a plus qu'à tracer les deux autres pieds.

Construire une chèvre.

La chèvre est un assemblage de pièces de bois, disposées de manière à en faciliter l'emploi dans les chantiers pour élever les fardeaux.

Pour construire la chèvre (fig. 4), on trace une ligne AB, sur le milieu de laquelle on élève la perpendiculaire CD. On porte sur cette perpendiculaire la longueur CF, on joint le point F aux points A et B. On trace les droites KE et HE parallèlement à AF, BF, et on partage la droite CE en six parties égales. Par les points de division on mène des parallèles à AB. On porte de chaque côté des parallèles des longueurs égales à la moitié de la largeur des traverses, puis on trace des parallèles pour former les traverses, le tour se fait comme une traverse et on le termine par deux tourillons.

Le tour sert à tirer une corde qui s'enroule sur lui à mesure qu'il tourne, on le fait tourner au moyen de leviers; une poulie de renvoi M se trouve placée à la partie supérieure, elle est destinée à changer la direction du mouvement.

Les deux montants sont réunis ensemble au moyen des traverses et d'un boulon placé au point E.

La chèvre prend différents noms suivant la disposition qu'on lui donne.

On l'appelle treuil quand il n'y a pas de poulie.

On l'appelle cabestan quand le tour est vertical, et dans ce cas, on traîne seulement les fardeaux au lieu de les soulever

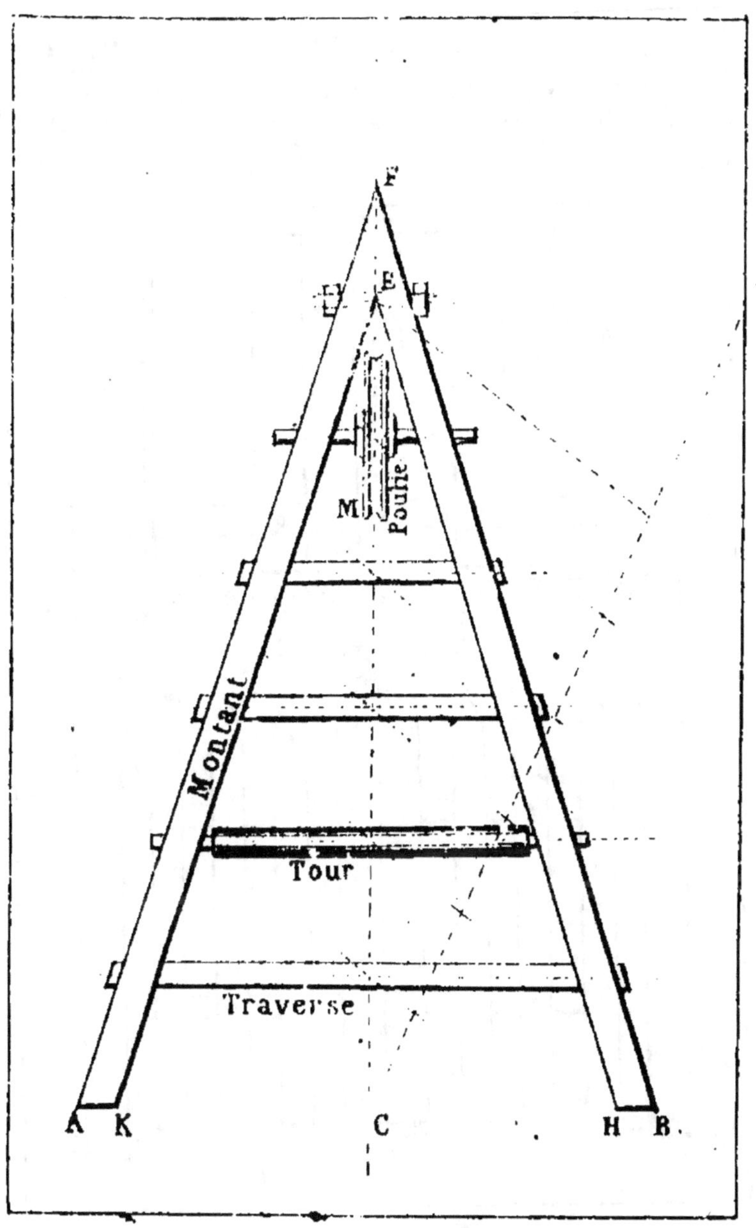
F
E
Poulie
M
Montant
Tour
Traverse
A K
C
H B

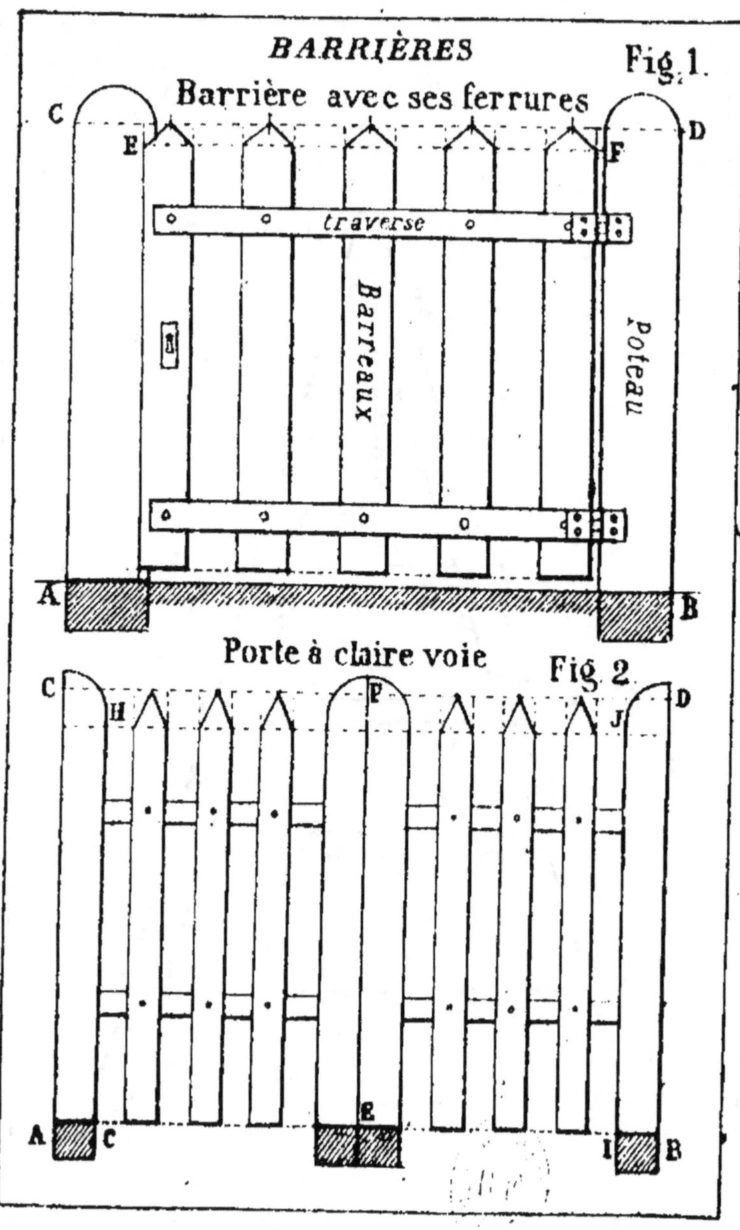

BARRIÈRES
Fig.1.
Barrière avec ses ferrures
C
E
D
F
traverse
Barreaux
Poteau
A
B
Porte à claire voie
Fig 2
C
H
P
D
J
A
C
E
i
B

Porte-barrière (fig. 1).

La porte-barrière, qui s'emploie pour les cours, champs, et en général toutes les fois qu'on ne veut pas empêcher la vue de pénétrer, se compose 1º d'un premier poteau placé en terre sur lequel la barrière est fixée au moyen de charnières ; 2º d'un autre poteau contre lequel elle vient se fermer ; 3º de plusieurs barreaux verticaux d'égale longueur et d'égale largeur, distants entre eux généralement de la largeur d'un barreau ; le nombre de ces barreaux dépend de la largeur de la barrière ; 4º de deux traverses servant à fixer les barreaux, au moyen de clous ou de chevilles, et à supporter la porte au moyen des charnières.

La construction est très-facile : après avoir tracé les poteaux, l'extrémité supérieure et l'extrémité inférieure de la porte, on partage l'ouverture en neuf parties égales et par les points de division on mène des parallèles aux montants. On trace ensuite les traverses perpendiculairement aux barreaux. Pour faire les pointes des barreaux, on marque le milieu de chacun d'eux sur la ligne CD.

Quand l'ouverture de la porte est trop grande, on met deux barrières et un poteau au milieu contre lequel elles viennent se fermer (fig. 2).

La construction, dans ce cas, est encore la même que dans le cas précédent.

Avant de donner des dessins plus compliqués, il est bon que nous examinions la construction des figures qui se rapportent à la circonférence et au cercle.

Du cercle et des différentes parties du cercle.

Le cercle est une surface terminée de toute part par une circonférence (fig. 1).

Le secteur est une portion de cercle comprise entre une corde et deux rayons (fig. 2).

Le segment est une portion de cercle comprise entre une corde et un arc (fig. 3).

On appelle cercles concentriques des cercles qui ont même centre (fig. 4).

Une couronne est la portion du grand cercle OABC qui reste quand on a retranché la portion de ce cercle comprise dans le petit cercle concentrique *oabc* (fig. 5).

Polygones réguliers. — Leur construction.

Un polygone régulier est un polygone dont les côtés sont égaux ainsi que les angles.

Pour construire un carré au moyen du cercle, on trace deux diamètres perpendiculaires l'un sur l'autre, AB, CD (fig. 6), et on joint les extrémités.

Lorsque le carré est construit, pour construire l'octogone, on mène deux diamètres EF, GH (fig. 7), perpendiculaires aux côtés du carré et on joint les extrémités aux angles du carré.

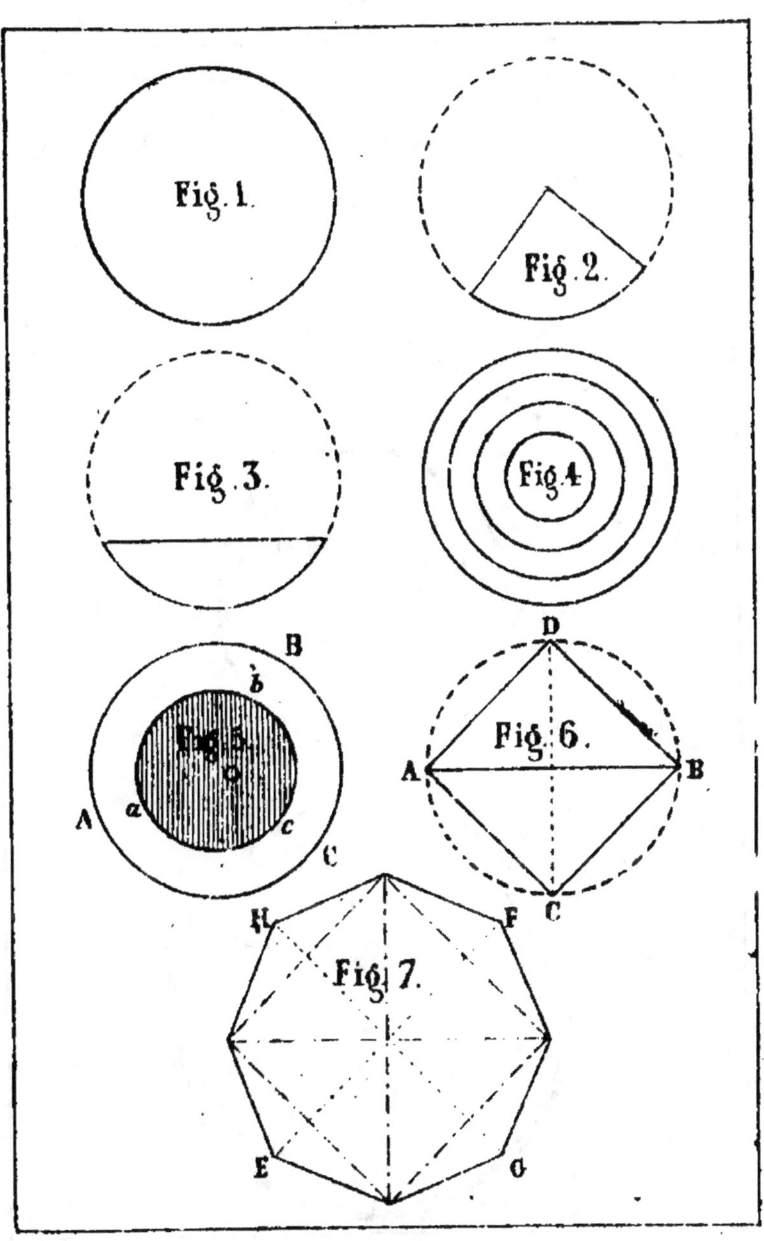

Fig. 1.
Fig. 2.
Fig. 3.
Fig. 4.
B
b
A a c
C
Fig. 5.
O
D
Fig. 6.
A B
C
H F
Fig. 7.
E G

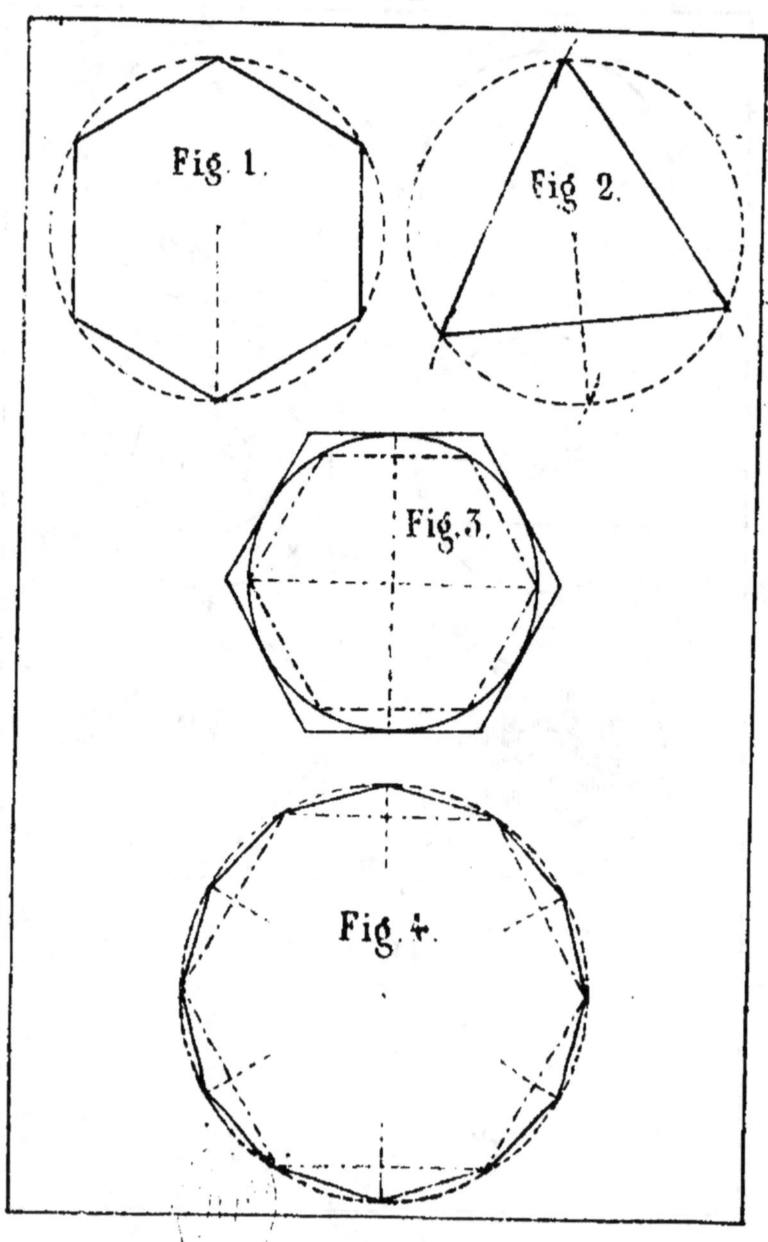

Fig. 1.
Fig. 2.
Fig. 3.
Fig. 4.

Pour construire l'hexagone, on porte le rayon six fois sur la circonférence, attendu que le côté de l'hexagone est égal au rayon du cercle (fig. 1).

Après avoir marqué sur la circonférence le sommet des angles de l'hexagone, si on joint ces sommets de deux en deux, on obtient le triangle équilatéral (fig. 2).

Un polygone régulier dont tous les angles sont situés sur la même circonférence est un polygone inscrit.

Un polygone dont les côtés sont tangents à la circonférence est un polygone circonscrit (fig. 3).

Pour circonscrire un polygone régulier à un cercle on inscrit dans le cercle un polygone régulier d'un même nombre de côtés, puis on mène des parallèles à chaque côté, en traçant ces parallèles tangentes au cercle.

Nous ne nous occuperons pas des autres polygones réguliers tels que le pentagone, le décagone, qui sont en dehors des limites que nous nous sommes tracées dans ce cours. Quant aux polygones qui ont un nombre de côtés double de ceux que nous avons donnés, la construction en est facile. Ainsi, si on veut construire le dodécagone, qui a douze côtés, il n'y a qu'à élever une perpendiculaire au milieu des côtés de l'hexagone jusqu'à la rencontre de la circonférence, et joindre les extrémités de ces perpendiculaires aux angles de l'hexagone (fig. 4).

Des lignes courbes usuelles

(Autres que les circonférences).

L'ovale est une courbe formée de quatre parties de circonférences ou de quatre arcs de cercles de même rayon deux à deux (fig. 1).

Pour tracer l'ovale (fig. 1), on partage l'axe AB en trois parties égales; des points C et D comme centres, on décrit une circonférence. Ces deux circonférences se rencontrent en H au-dessus de AB et en K au-dessous. Des points A et B comme centres, on décrit un arc de cercle avec le même rayon; le premier rencontre la première circonférence en E et F et le deuxième rencontre la deuxième circonférence en M et N. Du point K, comme centre, avec un rayon égal à KF, on décrit un arc de cercle de F en N, et du point H, avec le même rayon, on en décrit un autre de E en M, et l'ovale est formé.

L'ovoïde est une courbe formée également de quatre arcs de cercle (fig. 2) dont un est une demi-circonférence; on donne dans l'ovoïde le diamètre AB de la demi-circonférence et le demi-diamètre CD de l'ovale. Après avoir tracé la circonférence AMBN, qui rencontre en N le diamètre CD, on trace, par les points AN et BN, des lignes indéfinies, c'est-à-dire d'une longueur quelconque; puis, du point A comme centre avec AB pour rayon, on trace l'arc BE; du point B comme centre avec le même rayon, on trace l'arc AF; du point N comme centre avec DN pour rayon, on trace l'arc FDE qui termine l'ovoïde.

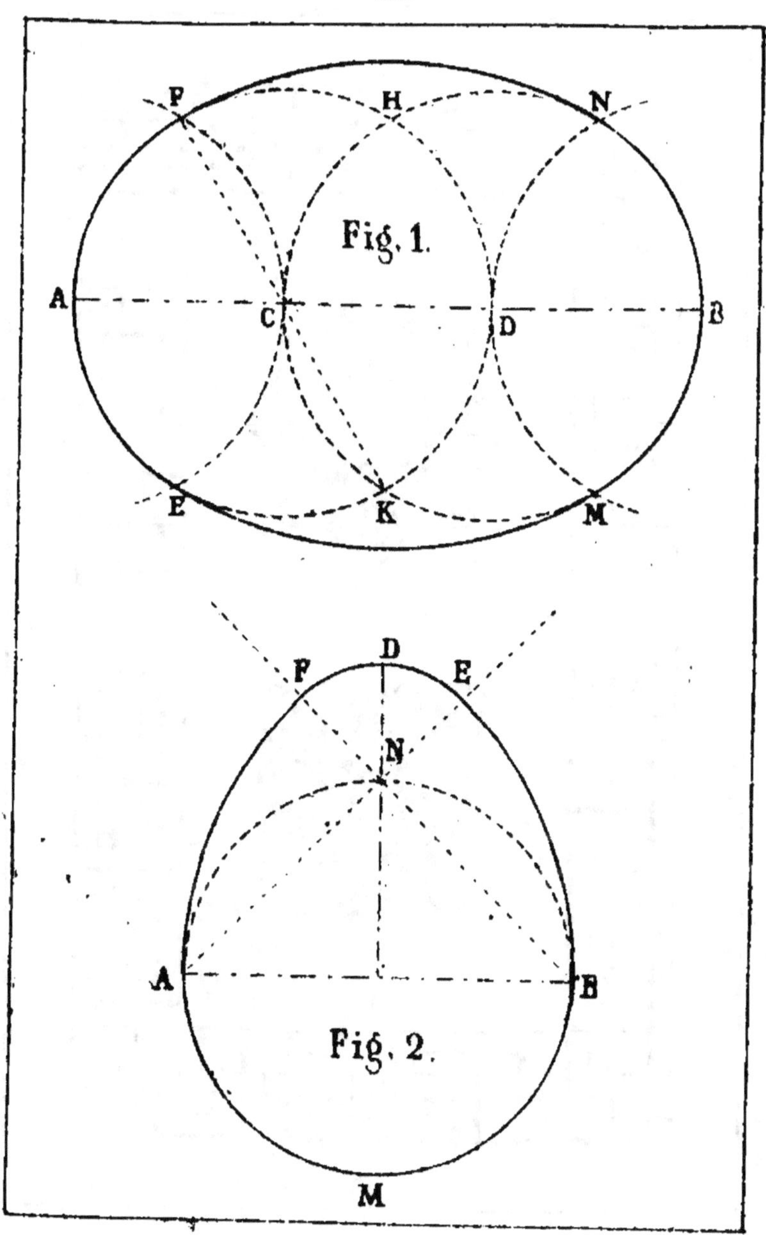

P
H
N
Fig. 1.
A
C
D
B
E
K
M
F
D
E
N
A
B
Fig. 2.
M

H
36.
K
M
N
R
D

Nous nous sommes principalement occupés jusqu'à ce moment de passer en revue les principes du dessin en donnant de petites applications faciles, réservant pour plus tard des applications portant sur les objets les plus usuels que l'on rencontre chaque jour et que les élèves pourront facilement dessiner. L'étude de ces objets sera pour eux d'une grande importance, car non-seulement ils apprendront à exécuter un dessin, mais encore les différents termes techniques dont chacun d'eux se compose, de plus à le rapporter suivan une échelle donnée, car ils seront dès lors tous cotés très-soigneusement, et nous engageons les élèves à ne plus copier.

On appelle échelle la proportion qui existe entre un objet et son dessin.

Les échelles les plus usitées et les plus commodes pour des enfants sont : le décimètre, le centimètre et le millimètre.

Veut-on représenter 10 mètres en supposant que le centimètre représente un mètre, il n'y a qu'à porter sur une ligne droite 10 centimètres ou un décimètre. Si le millimètre représente 2 mètres, il n'y a qu'à porter sur une droite 20 millimètres, etc.

Pour marquer ces longueurs, on se sert du double décimètre.

Il est aussi très-important que les élèves sachent faire le cadre de leur dessin avant de commencer l'étude des objets succe..sifs que nous allons passer en revue.

Avant de faire un dessin, il faut être parfaitement déterminé sur la position des différentes lignes. Il faut avoir une base invariable pour l'ensemble.

Cette base s'obtient au moyen d'une ligne droite AB tracée sur la feuille de papier de manière à la partager à peu près en deux parties égales. A peu près au milieu de cette droite, on élève une perpendiculaire DH. Ces deux droites serviront de bases à tout le dessin : les lignes horizontales seront toutes parallèles à AB et les lignes verticales parallèles à DH. Pour faire le cadre, on marque sur AB les deux points M,N, par lesquels on veut le tracer, et par ces points on mène des parallèles à DH ; sur DH on prend deux points K,R de la même manière ; par ces points on mène des parallèles à AB. Ces quatre droites ainsi tracées forment le cadre.

Tout ce qui précède étant bien compris, nous allons commencer l'étude de nos dessins par une petite construction très-simple que nous examinerons successivement dans toutes ses parties. Prenons une petite maison. Dans ce dessin nous avons à examiner : 1° les fondations ; 2° le plan ; 3° la maçonnerie ; 4° la façade principale ; 5° la façade latérale ; 6° le plancher ; 7° la charpente ; 8° la couverture.

Des fondations.

Les fondations comprennent toute la maçonnerie située dans la terre, c'est-à-dire au-dessous du sol. Cette maçonnerie peut reposer, savoir : 1° sur le terrain solide, ou sur rocher (fig. 1) ; 2° sur pilotis (fig. 2). Les pilotis sont de forts pieux de chêne qu'on enfonce dans les tranchées pour empêcher le terrain de s'affaisser ; les pieux sont armés à la partie inférieure d'une plaque en fer (ils sont verticaux).

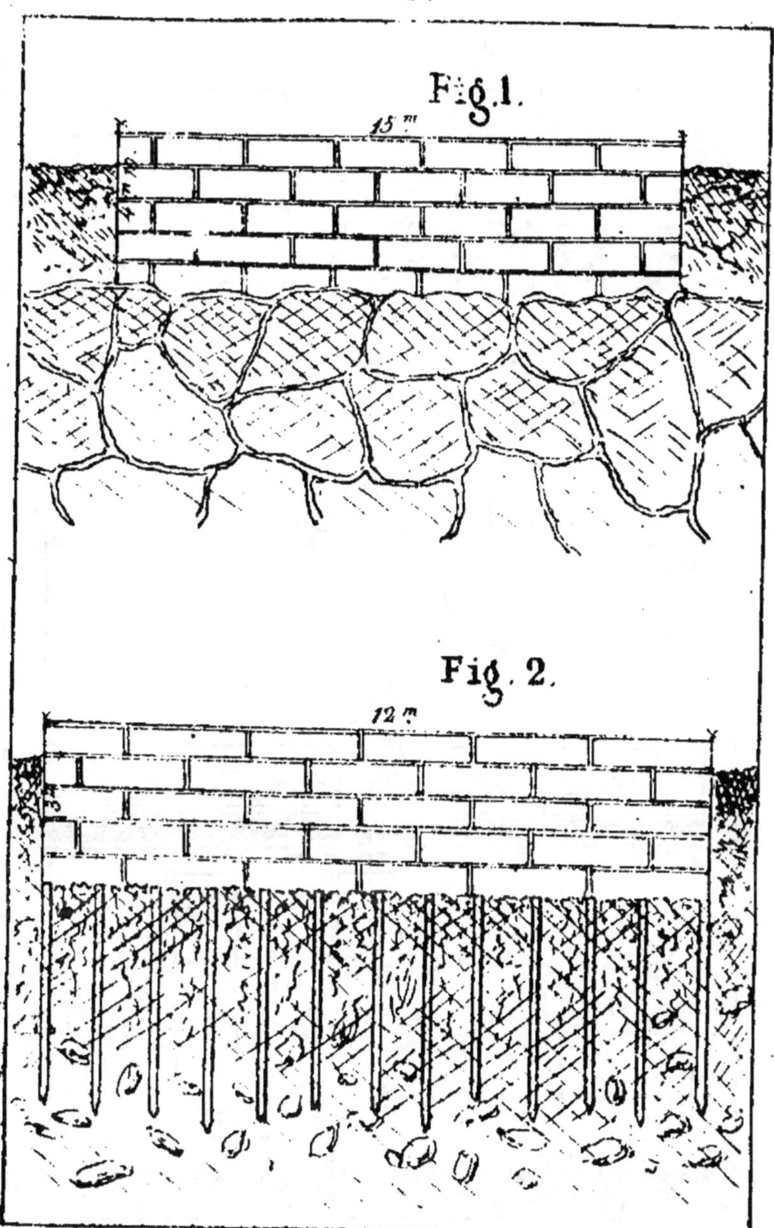

Fig. 1.
15 ᵐ
Fig. 2.
12 ᵐ

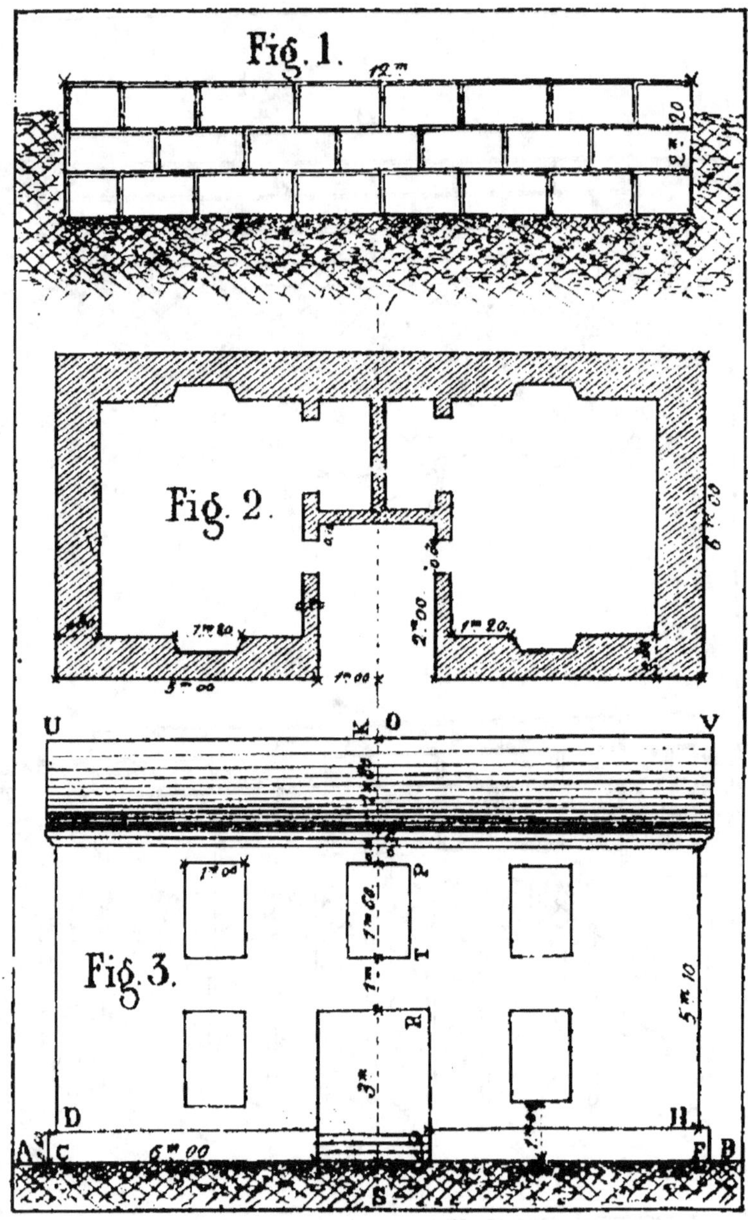

Fig. 1.
12.m
2.m 20
Fig. 2.
6.m 00
7.m 80
3.m 00
1.m 00
2.00
2.00
1.m 20
U K O V
Fig. 3.
1.m 00
1.m 00
1.m 00
1.m 00
3.m
D R H
A C 6.m 00 F B
P T
5.m 10
S

3° Sur béton (fig. 4). Le béton est un mélange de un tiers de mortier et de deux tiers de pierres cassées parfaitement nettoyées et lavées qu'on mélange ensemble et qu'on jette dans la tranchée pour supporter la maçonnerie, ce béton est entassé au moyen d'un pilon ou d'un maillet.

Du plan.

Le plan (fig. 2) est l'ensemble de la maçonnerie que l'on aperçoit après la fondation au niveau du terrain.

De la maçonnerie.

Il faut distinguer la maçonnerie en pierre de taille, la maçonnerie en pierres brutes. La partie inférieure de la construction jusqu'à la ligne DH est en pierre de taille, cette partie forme une petite saillie, on l'appelle socle ; cette saillie est toujours horizontale. Les ouvertures sont aussi en pierre de taille.

La façade est la face principale de la construction, le sol ou terrain est horizontal (fig. 3), mais il y a des constructions où le sol est incliné. On trace sur la ligne AB, parallèle à la ligne de base MN du cadre, la position des extrémités CF, ainsi que la position des portes et des fenêtres, puis on trace des parallèles à SO. On trace sur SO la position des points RTP, par lesquels on trace des parallèles à la base MN, ces parallèles déterminent la porte, les fenêtres et la façade. On détermine aussi le point K par lequel on trace la ligne UV qui forme le haut de la construction. On trace également dans la couverture plusieurs parallèles à MN de plus en plus rapprochées et allant de haut en bas.

De la façade latérale.

La façade latérale (fig. 1) ou autrement pignon est celle qui est surmontée de la pointe de pignon. La pointe de pignon est une maçonnerie de forme triangulaire ayant pour base la façade; les côtés ont l'inclinaison qu'on veut donner à la couverture.

Cette façade se construit comme la première, en marquant les extrémités, les positions de la porte et des fenêtres, puis traçant des parallèles à SO et à GH. On achève la construction en traçant les côtés inclinés AB, BC.

Du plancher.

Le plancher (fig. 2) est un ensemble de pièces de bois qui se compose d'une poutre appuyée sur les deux façades principales, sur laquelle d'autres pièces de bois plus petites s'appuient par une de leurs extrémités, l'autre extrémité étant appuyée sur les façades latérales; ces dernières pièces de bois s'appellent solives, elles sont destinées à recevoir les planches qui doivent former le parquet comme le montre le côté de droite de la figure 2.

Si par la ligne GH de la partie à droite de la poutre on menait un trait de scie coupant le parquet et les solives, si on dessinait les objets déterminés par ce trait de scie, on aurait (fig. 3) la coupe transversale du plancher. On appelle travée l'ensemble des solives situées du même côté d'une poutre. Ainsi dans le cas présent il y a deux travées.

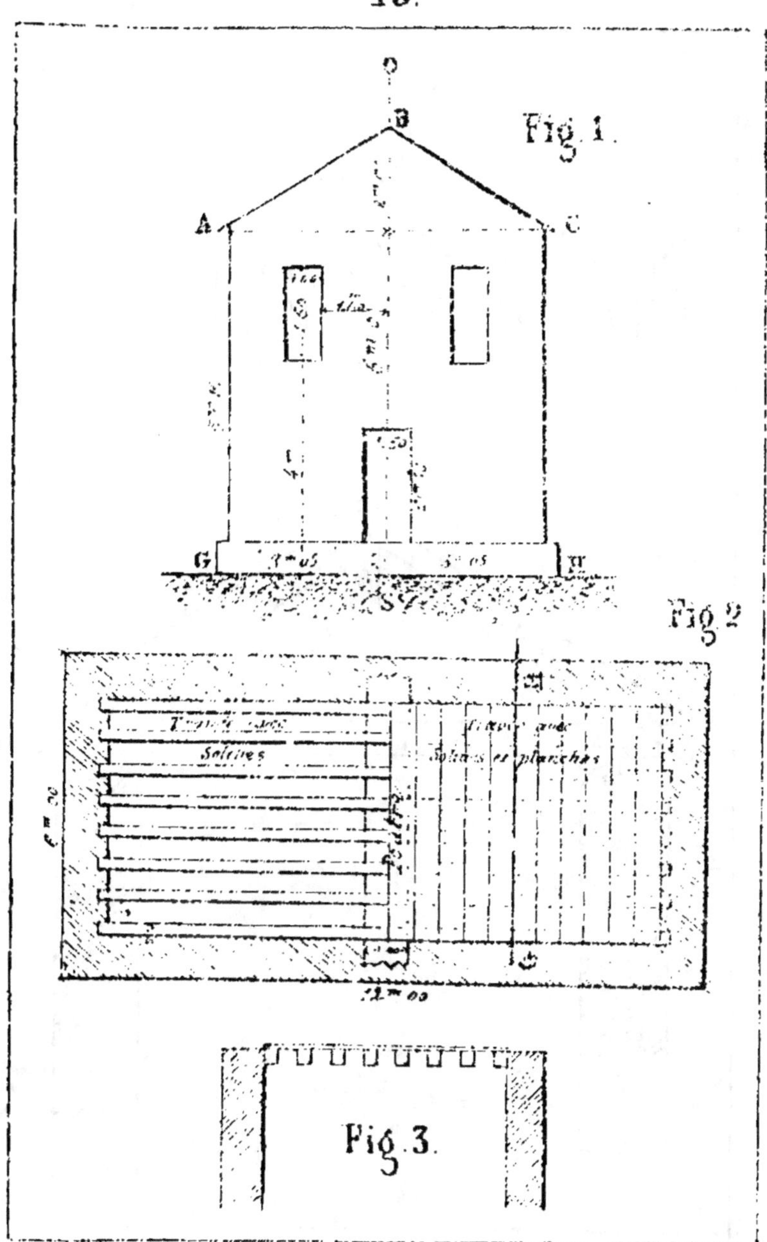

Fig. 1.
D
B
A
C
G
H
Fig. 2
Solives
Solives et planches
Fig. 3.

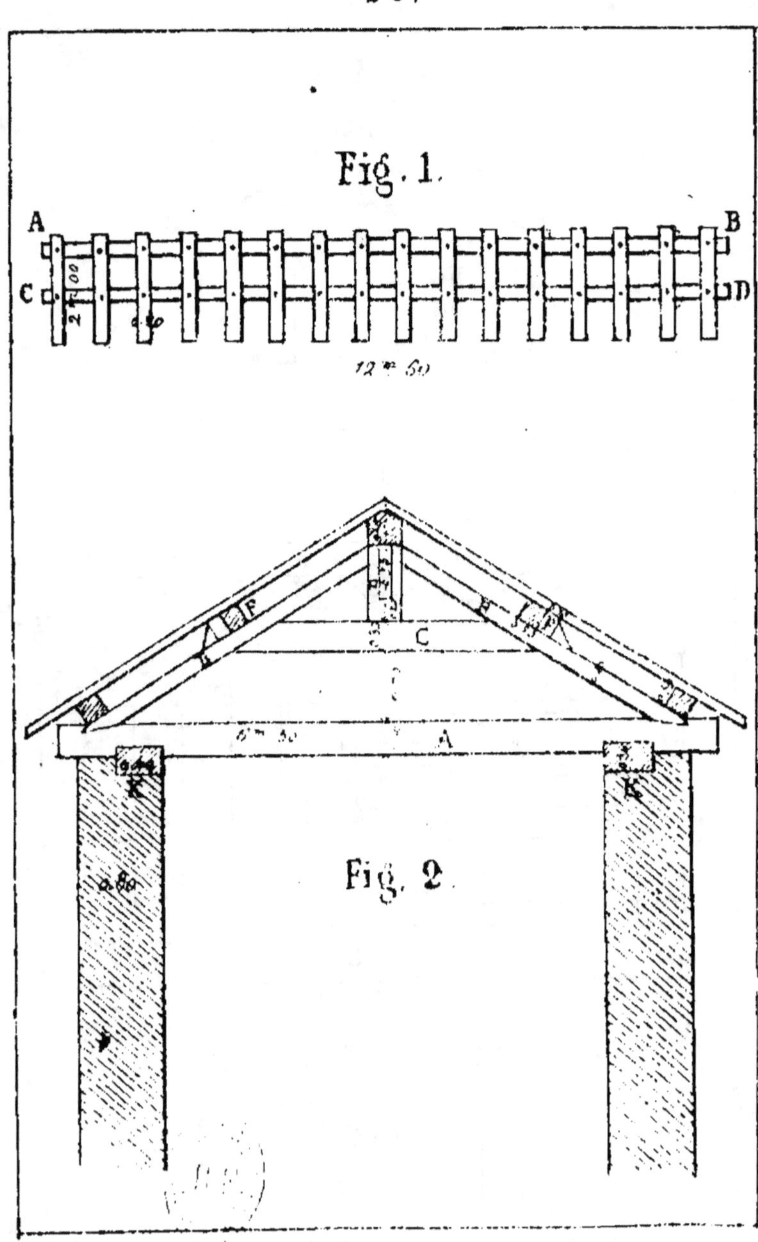
Fig. 1.
A
B
C
D
12 m 50
F
C
F
A
K
K
Fig. 2

De la charpente.

La charpente (fig. 1) est l'ensemble des pièces de bois destinées à supporter la couverture. Nous ne donnons, dans la figure 1, qu'un côté de la couverture.

Cette charpente se compose: 1º d'un faîtage AB; 2º de deux pannes CD; 3º des chevrons.

Le faîtage est appuyé, par ses extrémités, sur les pignons; il supporte les chevrons. Les pannes sont appuyées sur les pignons et supportent aussi les chevrons.

Les chevrons sont cloués sur le faîtage et sur les pannes; ils sont destinés à recevoir les lattes ou les planches, suivant que l'on couvre avec de la tuile ou de l'ardoise; ils sont tous à la même distance et parallèles entre eux.

Quand les pointes des pignons sont trop écartées, on place une autre charpente au milieu de la première. Cette charpente prend le nom de ferme; elle est destinée à porter le faîtage et les pannes.

Dans ce cas, deux autres pièces de bois K, appelées sablières (fig. 2), sont posées sur les murs des façades.

Une ferme est simple ou double; la ferme simple (fig. 2) se compose, savoir : du tirant A, posé sur la sablière; des arbalétriers B, de l'entrait C, du poinçon D, des contre-fiches E, des tasseaux F.

De la couverture.

Pour dessiner la couverture, on trace des lignes parallèles au faîtage et de plus en plus rapprochées, en avançant vers le bas; on mène ensuite des lignes perpendiculaires aux premières, à la même distance, mais de deux en deux.

Soit à construire une petite maison de campagne. La figure 1 représente le plan. Après avoir tracé la ligne AB, qui a 13^m de longueur, on marque sur cette ligne, de chaque côté de MN, les points DHR, rapportés à l'échelle ; on trace par tous ces points des parallèles à MN. On donne la longueur indiquée de 10^m,12 à la première et à la dernière, et on trace la ligne OP ; on porte, sur la parallèle passant par H, la longueur indiquée par les cotes, puis on mène des parallèles à AB et on construit ensuite l'emplacement des portes et des croisées. On trace, dans l'intérieur des murs, de petites lignes qu'on appelle hachures, pour indiquer que les murs sont coupés, puis on trace les traits de force.

La figure 2 est la façade principale ; dans cette façade, la base est inclinée, car le terrain n'est pas horizontal. On commence par tracer le socle de 13^m de longueur, puis, dans le milieu, on élève une perpendiculaire ; de chaque côté de cette perpendiculaire, on en trace deux autres qui donnent la position des fenêtres, et à 3^m,20 de distance ; on porte, de chaque côté de ces perpendiculaires, des longueurs égales à la moitié de chaque ouverture, puis on mène des parallèles : on termine par les ouvertures. Aux deux extrémités du socle, on mène deux perpendiculaires qui vont jusque sous l'entablement.

L'entablement est la partie de la construction qui se trouve sous la couverture et qui fait une saillie sur la façade. On achève le dessin comme l'indiquent les cotes.

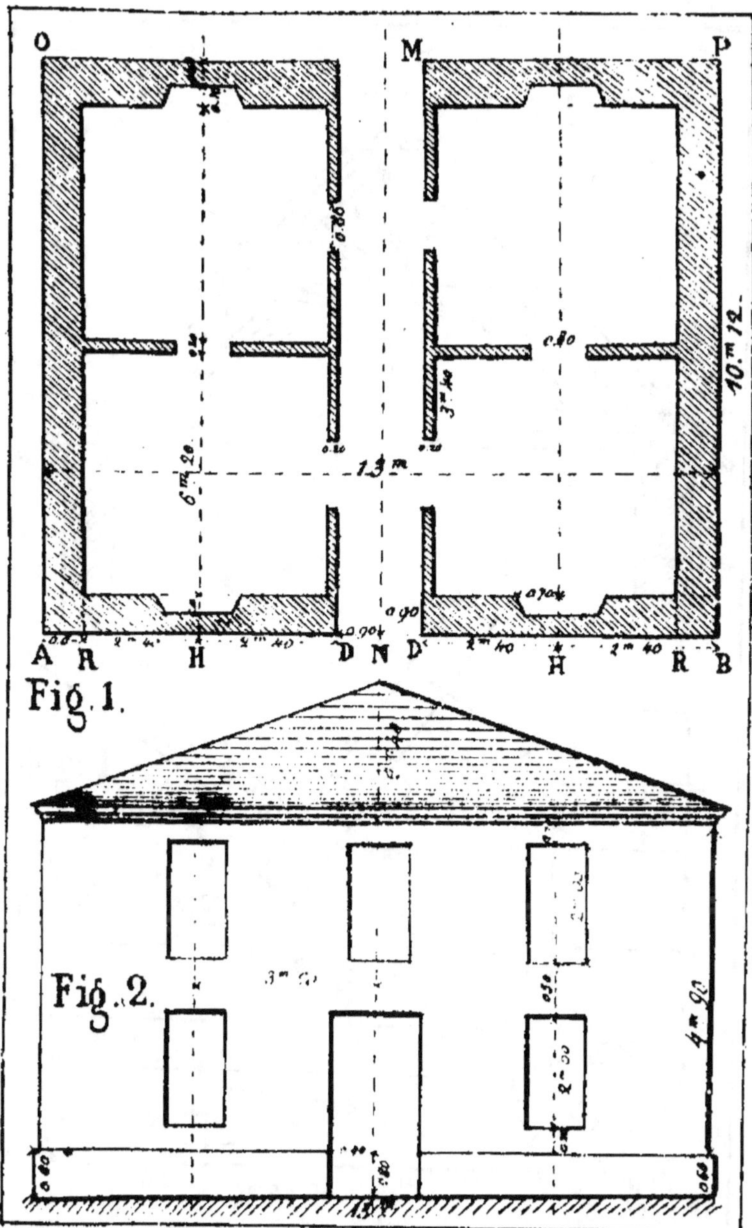
47.
O
M
P
10m 12.
13 m
6m 20
3m 40
A R
H
D N D'
H
R B
Fig. 1.
Fig. 2.
4m 90

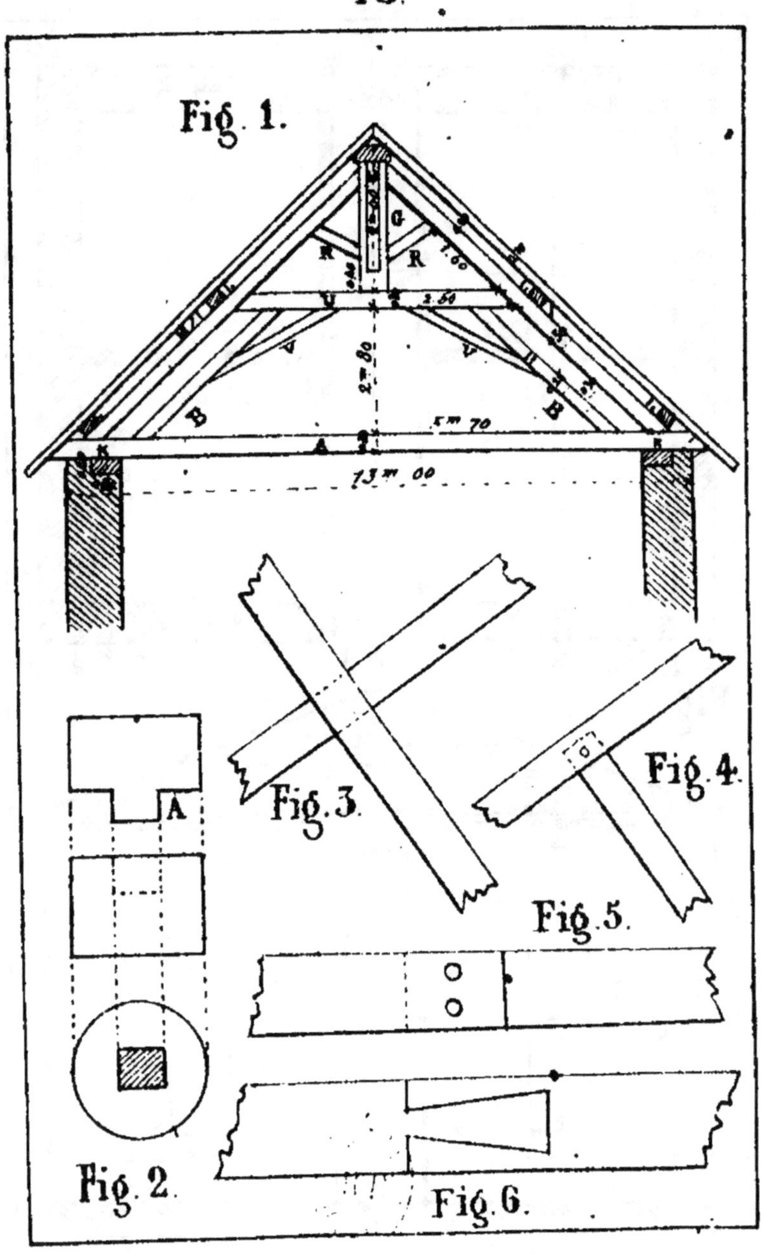

Fig. 1.
G
R
R
V
V
B
B
A
2ᵐ80
1ᵐ00
2ᵐ50
5ᵐ70
13ᵐ00
Fig. 2.
A
Fig. 3.
Fig. 4.
Fig. 5.
Fig. 6.

Ferme double.

Nous avons donné le détail d'une ferme simple, qui s'emploie dans les petites couvertures. La figure 1 représente une ferme double s'appliquant aux constructions larges dont la couverture est lourde.

Après avoir tracé les deux portions du mur servant à porter la charpente, on trace les sablières K, puis le tirant A qui est entaillé dans les sablières, on trace l'entrait U, les jambes de force B, leurs aisseliers V; sur le milieu de l'entrait on trace le poinçon G, la contre-fiche H, qui soutient le faîtage, les arbalétriers F et les contre-fiches R, puis on trace les chevrons, les tasseaux M et les pannes L.

Toutes ces pièces de bois sont assemblées ensemble, suivant différents systèmes. Nous indiquerons seulement les principaux systèmes d'assemblage, savoir :

1° Assemblage à enture et à tenon A (fig. 2).

2° Assemblage à angles droits par entailles (fig. 3).

Chaque pièce est entaillée à moitié bois, de sorte que les deux pièces réunies ne présentent pas plus d'épaisseur qu'une seule.

3° Assemblage à tenon et à mortaise (fig. 4). Le tenon a ordinairement pour épaisseur le tiers de l'épaisseur du bois dans lequel il est placé.

4° Assemblage bout à bout (fig. 5), les deux pièces de bois sont entaillées à mi-bois.

5° Assemblage à queue d'hironde (fig. 6), qui s'entaille aussi à mi-bois : il est très-solide et offre beaucoup de résistance dans le sens longitudinal.

Soit à construire le petit pavillon (figure 1).

Après avoir tracé la ligne AB d'une longueur de 10^m, on élève au milieu la perpendiculaire OP; de chaque côté de cette perpendiculaire on marque les points CD distants de 2^m,50 par lesquels on élève des perpendiculaires. On marque ensuite sur la ligne OP les points par lesquels passent toutes les lignes horizontales, puis on les trace parallèlement à AB. On mène les lignes verticales parallèlement à OP. On trace les demi-circonférences qui forment le haut des ouvertures. On termine par la couverture et les cheminées.

Construire la petite maison figure 2. Elle s'exécute à peu près comme la précédente, il n'y a qu'à se conformer aux cotes.

Quant au dessus des ouvertures, au lieu d'être une demi-circonférence comme dans les cas précédents, c'est un arc de cercle dont le centre est situé au bas de chaque ouverture, excepté pour la porte, dans laquelle il se trouve à la hauteur du socle.

Nous ne donnons pas les plans de ces constructions, car ils ne présentent pas de difficultés.

Nous engageons fortement les élèves à rapporter ces constructions avec beaucoup de soins, et à l'échelle la plus grande qu'il leur sera possible d'adopter.

Il faut également qu'ils fassent attention aux traits forts et aux traits faibles pour s'habituer à ne plus se tromper sur la position de chacun d'eux.

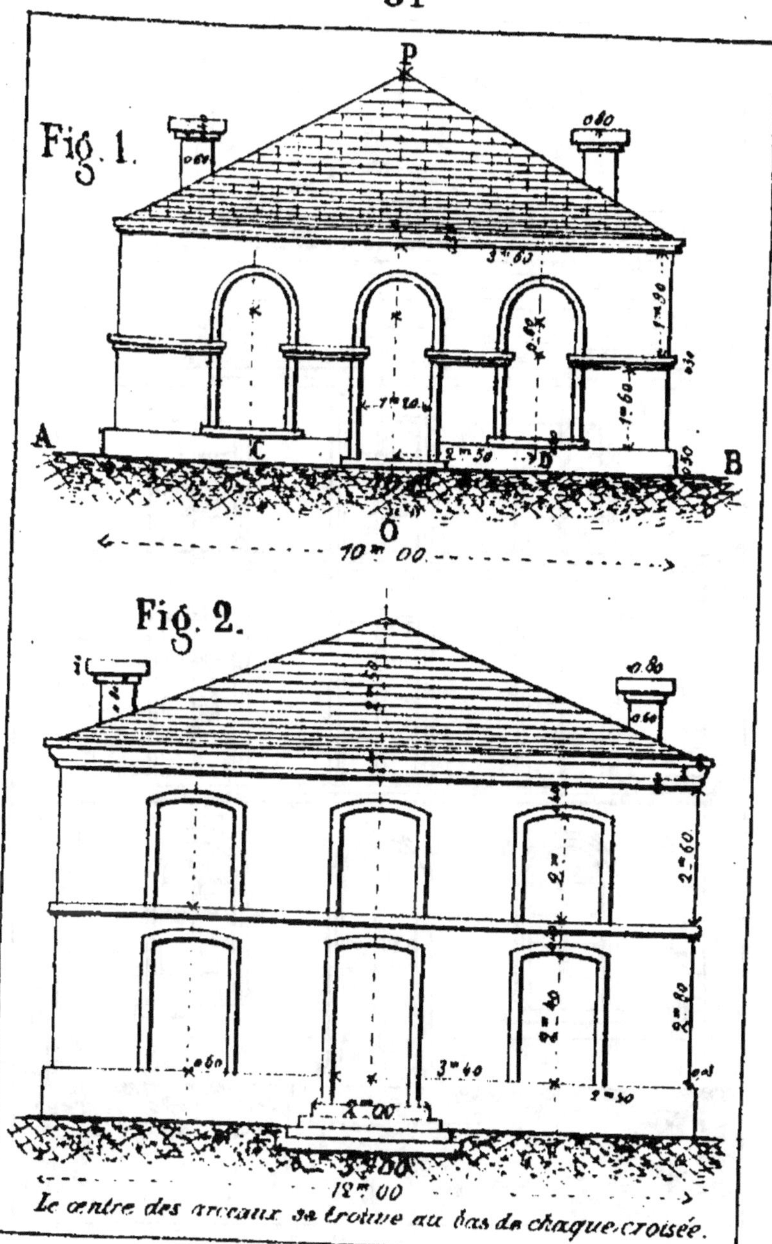
Fig. 1.
P
A
C
D
B
O
10 m 00
Fig. 2.
12 m 00
Le centre des arceaux se trouve au bas de chaque croisée.

Fig. 1.

Construire la maison de campagne (fig. 1). Cette maison est un peu plus compliquée que celles que nous avons examinées jusqu'à présent. Après avoir tracé la base AB, on trace au milieu de cette base la perpendiculaire EF, puis les autres perpendiculaires GH et IJ. On marque sur EF la hauteur des principales lignes CD, KL, MN, OP, QR, ST, UV, XY, et par tous les points qui indiquent la position de ces lignes, on mène des parallèles à AB, ensuite A et B, CS et DT. On trace les autres lignes comprises entre KL et MN, OP et QR, ST et UV; après avoir déterminé leur longueur, on trace UX, VY, XF et YF. On trace sur la base AB la position des lignes qui entourent les ouvertures; puis, par chaque point, on mène des parallèles à EF. On détermine également la hauteur des lignes placées au-dessus des ouvertures. Pour faire les carreaux, on divise la hauteur de la croisée en quatre parties égales.

Quant aux pierres de taille, leur tracé est très-facile : dans la partie inférieure, on partage la hauteur en onze parties égales, dans la deuxième partie on partage la hauteur en neuf, et dans la troisième on la partage en huit. On mène par tous ces points des parallèles à AB, ainsi que les deux lignes qui terminent ces pierres.

La partie inférieure d'un bâtiment prend le nom de rez-de-chaussée, la partie suivante s'appelle premier étage, ensuite deuxième étage, etc., jusqu'à la couverture; au-dessus du dernier étage est le grenier. On l'appelle mansarde quand il est disposé pour être habité.

Passons aux dessins de quelques machines usitées dans les constructions.

Des Moufles.

Les moufles sont des combinaisons de poulies et de cordages destinées à faciliter l'élévation des fardeaux.

Construire les moufles (fig. 1).

Ces moufles se composent de deux chappes A et B, servant à réunir les poulies entre elles sur deux axes O et O'. La première chappe contient quatre poulies, la deuxième n'en contient que trois. Après avoir tracé les deux chappes sur la même ligne verticale, on trace les poulies, puis les cordes.

La première chappe est terminée à la partie supérieure par un crochet destiné à la fixer en un point quelconque; la deuxième est terminée à l'extrémité supérieure par un crochet où on attache le bout de la corde; la partie inférieure porte un autre crochet destiné à être fixé au fardeau.

La figure 2 représente la coupe verticale de la chappe supérieure passant par l'axe des poulies.

Pour soulever les fardeaux, après avoir fixé la chappe supérieure à un point solide et attaché le fardeau à la chappe inférieure, on tire l'extrémité R de la corde, soit à la main, soit autrement, et la chappe inférieure s'élève en entrainant avec elle le fardeau à mesure qu'on tire la corde.

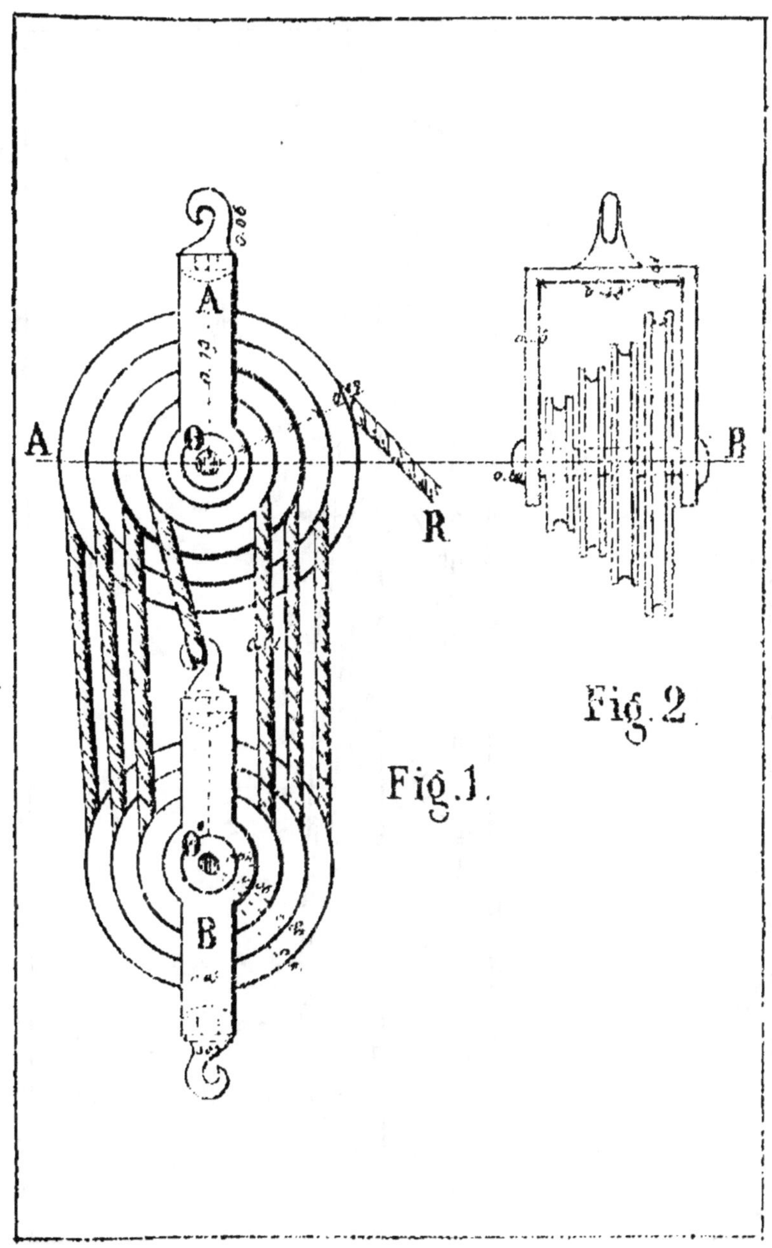

A
A
R
B
Fig.1.
B
Fig.2.

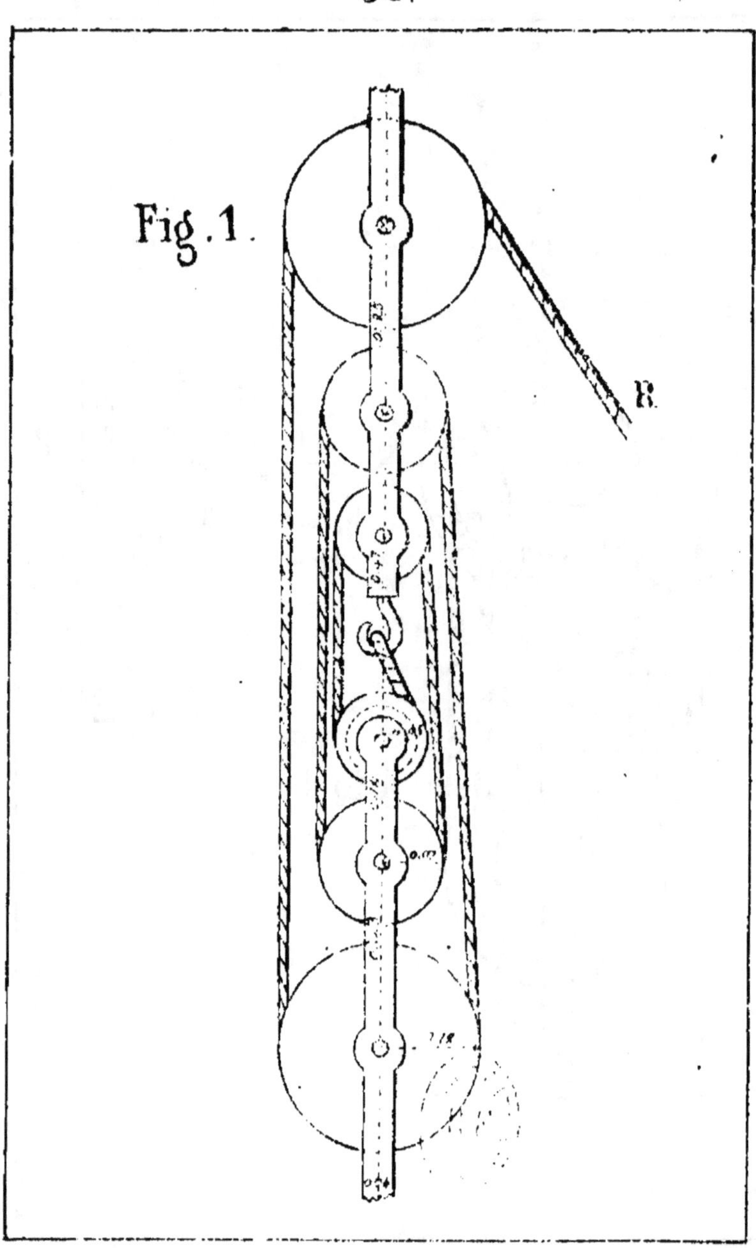

p
p
es
no

es
tre
po

dé
ch
l'e
70

us
de

Il y a également des moufles dont les poulies ne sont pas sur le même axe, comme le montre la figure 4.

Plus il y a de poulies dans un système de moufles, plus la puissance est grande, attendu que la puissance est à la résistance dans le même rapport que 1 est au nombre de cordages qui soutiennent le moufle mobile.

Ainsi, dans la figure 4, si un poids de 600 kilogrammes est fixé à la chappe inférieure, il suffira de fixer à l'extrémité R du cordon un poids de 100 kilogrammes pour équilibrer le poids de 600 kilogrammes.

Dans le premier système de moufles que nous avons décrit, comme il y a sept cordons qui soutiennent la chappe inférieure, un poids de 100 kilogrammes l'extrémité R du cordon ferait équilibre à un poids de 700 kilogrammes placé à la chappe inférieure.

On fait un très-grand usage des moufles dans les usages ordinaires de la vie, soit dans les constructions de maisons, de charpentes, soit dans les ateliers, etc.

De la Vis.

La vis est un instrument composé d'un cylindre autour duquel est roulé en courbe sans fin ou hélice un petit filet. Un tour du filet s'appelle spire, et l'intervalle compris entre deux spires s'appelle pas de l'hélice. La vis est surmontée d'un cylindre plus gros appelé tête de la vis.

L'objet dans lequel tourne la vis s'appelle écrou.

Il y a des vis à filets rectangulaires et d'autres à filets triangulaires.

La figure 1 est une vis à filets triangulaires. Pour la tracer, après avoir construit le rectangle ABCD, on partage le côté AB en autant de parties égales qu'il y a de spires, puis on trace par la première division et le point H une droite. Par chaque point de division on mène des parallèles à cette droite ; il n'y a plus qu'à achever les filets en portant de chaque côté des droites la largeur de la moitié des filets et en menant des parallèles. On trace ensuite la tête K et l'écrou F.

La figure 2 représente une vis à filets rectangulaires ; sa construction est à peu près la même que celle de la précédente.

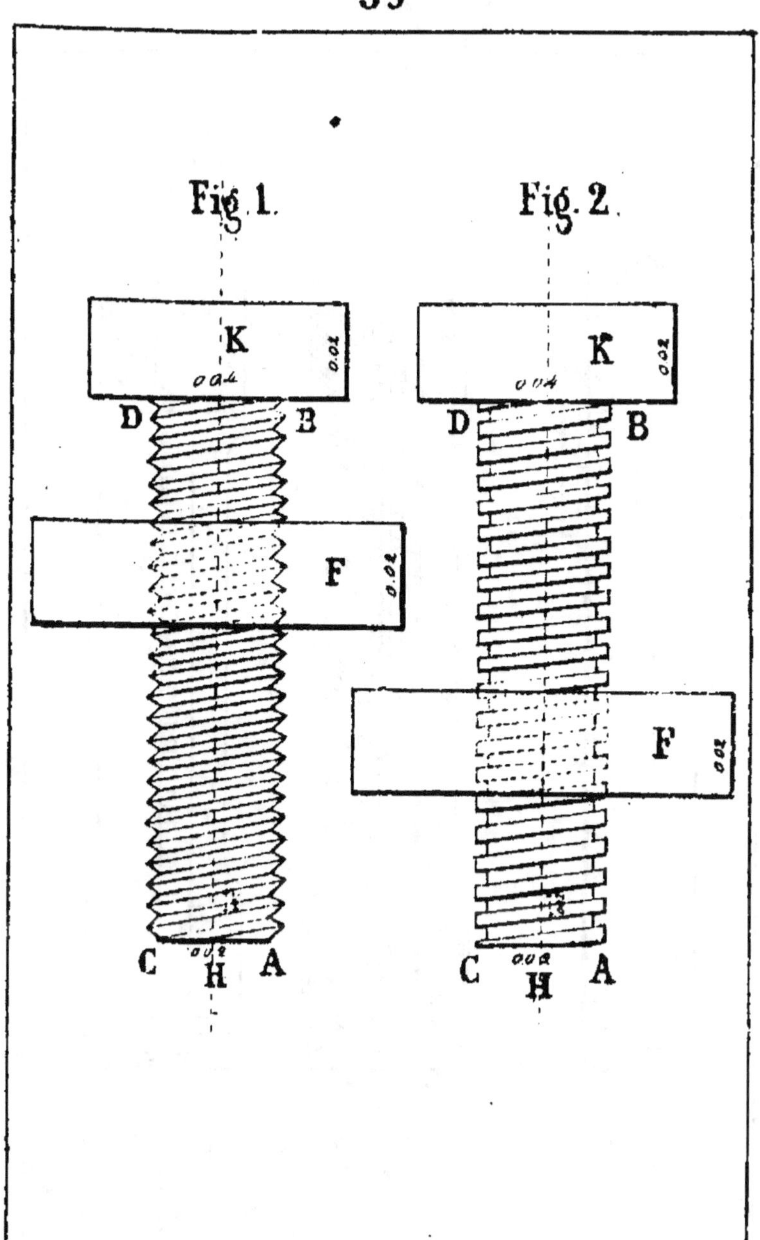

Fig. 1.
Fig. 2.
K
K
D
B
D
B
F
F
C
H
A
C
H
A

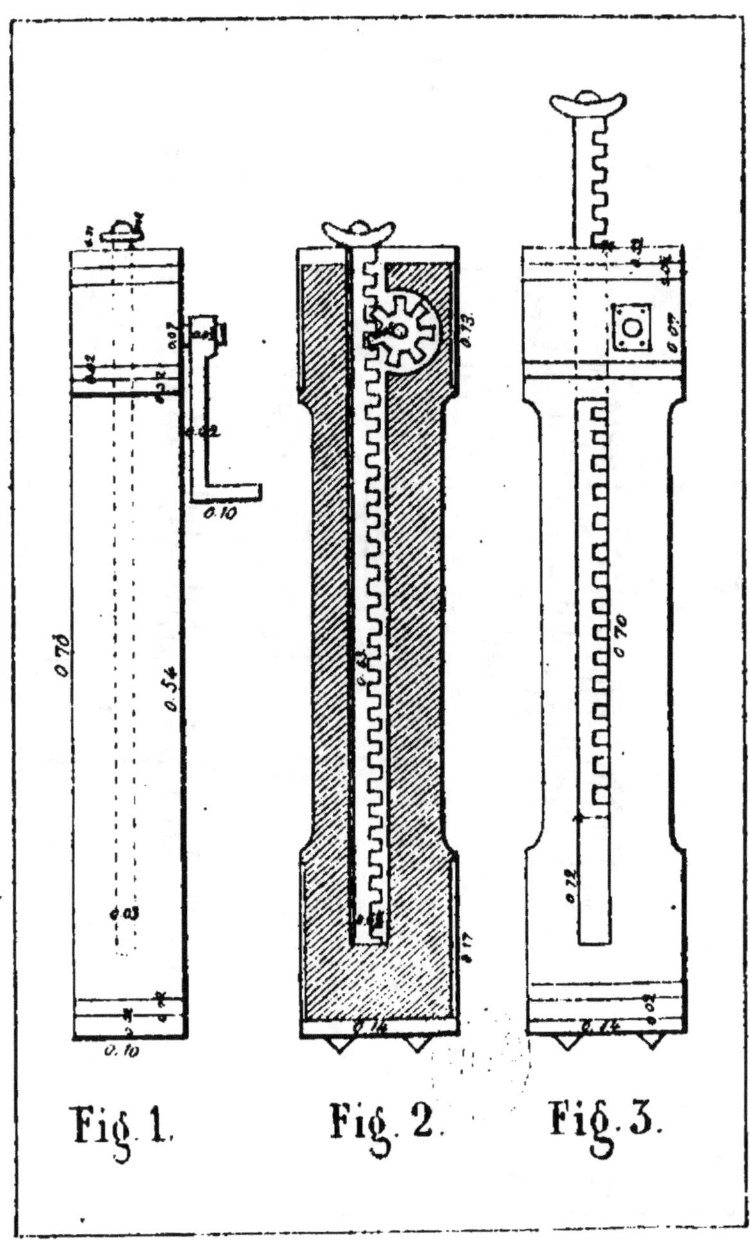

Fig. 1.   Fig. 2.   Fig. 3.

Du cric.

Le cric employé pour soulever les fardeaux est une machine composée d'un petit pignon que l'on fait mouvoir au moyen d'une manivelle. Ce pignon engrène avec une barre inflexible dentée appelée crémaillère, de manière que le pignon, tournant sur son axe, oblige la barre à se mouvoir dans le sens de sa longueur.

La figure 1 représente l'élévation d'un cric; dans cette figure, le pignon n'est pas aperçu; il est placé dans l'intérieur de la boîte. Après avoir tracé la boîte, on trace la crémaillère, qui est surmontée d'une plaque de fer portant deux petites cornes destinées à empêcher le cric de glisser contre l'objet à soulever; au bas, sont aussi deux petits pieds qui l'empêchent de reculer.

La figure 2 représente la coupe d'un cric avec le petit pignon et la crémaillère.

Après avoir tracé la boîte, on trace le pignon de la crémaillère.

La figure 3 représente l'élévation latérale dans laquelle on aperçoit la manivelle.

Cette manivelle est fixée au même axe que le pignon, de sorte qu'en tournant la manivelle on le fait mouvoir.

Des machines servant a élever les eaux.

Dans les travaux de construction on emploie, pour élever les eaux, différentes machines, comme les pompes, les vis d'Archimède, les chaînes à godets, etc.

Les pompes sont des machines composées d'un tuyau d'aspiration, lequel plonge dans l'eau B (fig. 4). Ce tuyau est surmonté d'un autre tuyau appelé corps de pompe. Dans ce dernier se meut, de bas en haut et de haut en bas, un piston K, mis en mouvement par une manivelle X fixée sur un axe O. Les deux tuyaux sont séparés par une soupape A qui s'élève quand le piston monte et permet à l'eau de passer du tuyau inférieur dans le tuyau supérieur. Cette soupape s'abaisse pour fermer le passage quand le piston descend. Au bas du piston est une autre soupape N qui permet à l'eau de monter quand il descend. Cette eau s'élève dans le corps de pompe jusqu'à ce qu'elle trouve une ouverture par laquelle elle puisse s'échapper.

Le tuyau d'aspiration ne doit jamais avoir plus de 11 mètres de longueur.

Il y a des pompes qui n'ont pas de tuyaux d'aspiration ; elles n'ont qu'un corps de pompe ou plusieurs. Ces pompes s'appellent pompes foulantes, comme la pompe à incendie. Les pompes s'emploient pour élever l'eau à une grande hauteur.

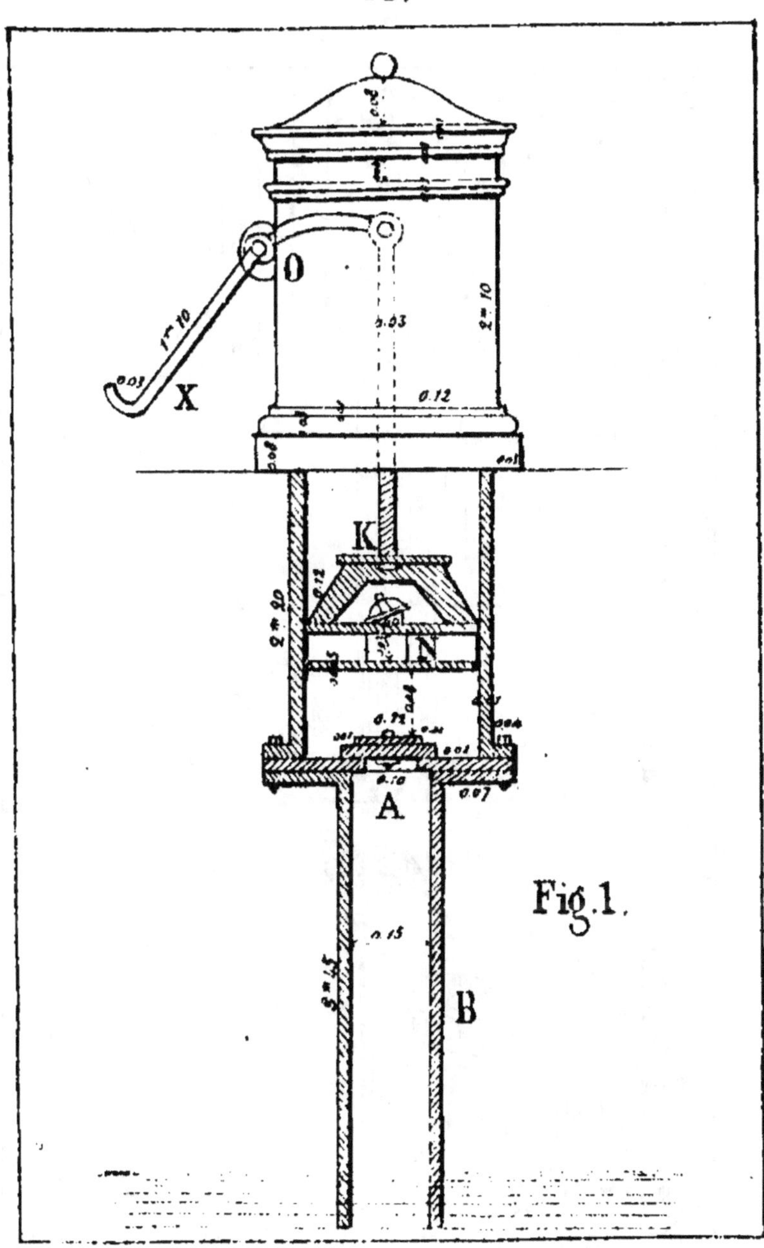

O
X
K
N
A
B
Fig.1.

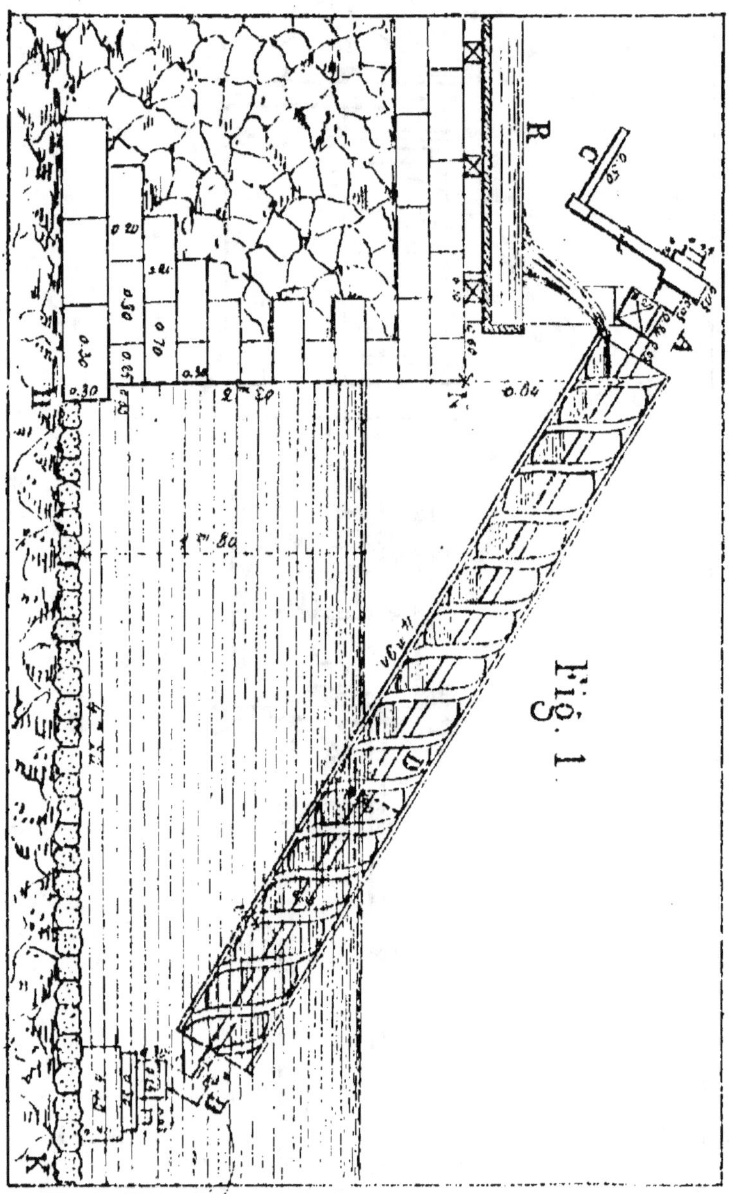
Fig. 1
R
C
A
K

Vis d'Archimède.

La vis d'Archimède s'emploie pour les eaux qu'il s'agit d'élever à une petite hauteur.

Elle est composée d'un cylindre dans lequel est placé un ou plusieurs tubes roulés en hélice; ces tubes trempent par l'extrémité inférieure dans l'eau et sont mis en mouvement par une manivelle C (fig. 1). Cette manivelle communique son mouvement à un axe D qui est fixé au cylindre, cet axe tourne sur deux coussinets A et B.

A mesure que l'on fait tourner la manivelle, l'eau s'introduit dans les tubes et les parcourt dans toute leur longueur pour sortir à la partie supérieure.

Après avoir tracé le fond HK du bassin dans lequel se trouve l'eau, on trace le mur HN, puis le réservoir R par lequel s'échappe l'eau, ensuite les coussinets A, B, la manivelle C, l'axe D, puis le cylindre et les tubes.

Cette figure est une coupe longitudinale d'une vis d'Archimède.

Ces vis n'ont généralement qu'une longueur inférieure à 5ᵐ, et comme elles sont inclinées, on ne peut pas élever les eaux à une grande distance.

Chaînes à godets.

Les chaînes à godets sont des chaînes qui passent sur 2 poulies placées sur deux axes fixes A et B. La première est mise en mouvement soit par une manivelle, soit par une machine, et en tournant elle entraîne la chaîne qui communique son mouvement à la 2ᵉ poulie. Sur la chaîne sont fixés des godets qui se remplissent d'eau au fur et à mesure qu'ils passent sur la poulie inférieure, laquelle plonge dans l'eau. Quand ces godets arrivent sur la poulie supérieure, ils se vident et l'eau entre dans un réservoir.

Après avoir tracé le fond du bassin dans lequel se trouve l'eau, on trace les murs M N, G K, puis les poulies, la chaîne et les godets.

Quelquefois, il n'y a qu'une seule poulie, c'est celle qui est à la partie supérieure, les godets maintiennent verticalement la chaîne par leur propre poids et se remplissent au fur et à mesure qu'ils passent dans l'eau.

Les chaînes à godets sont très-employées pour élever le blé et la farine dans les moulins, car avec leur secours on peut élever ces matières à une très-grande hauteur.

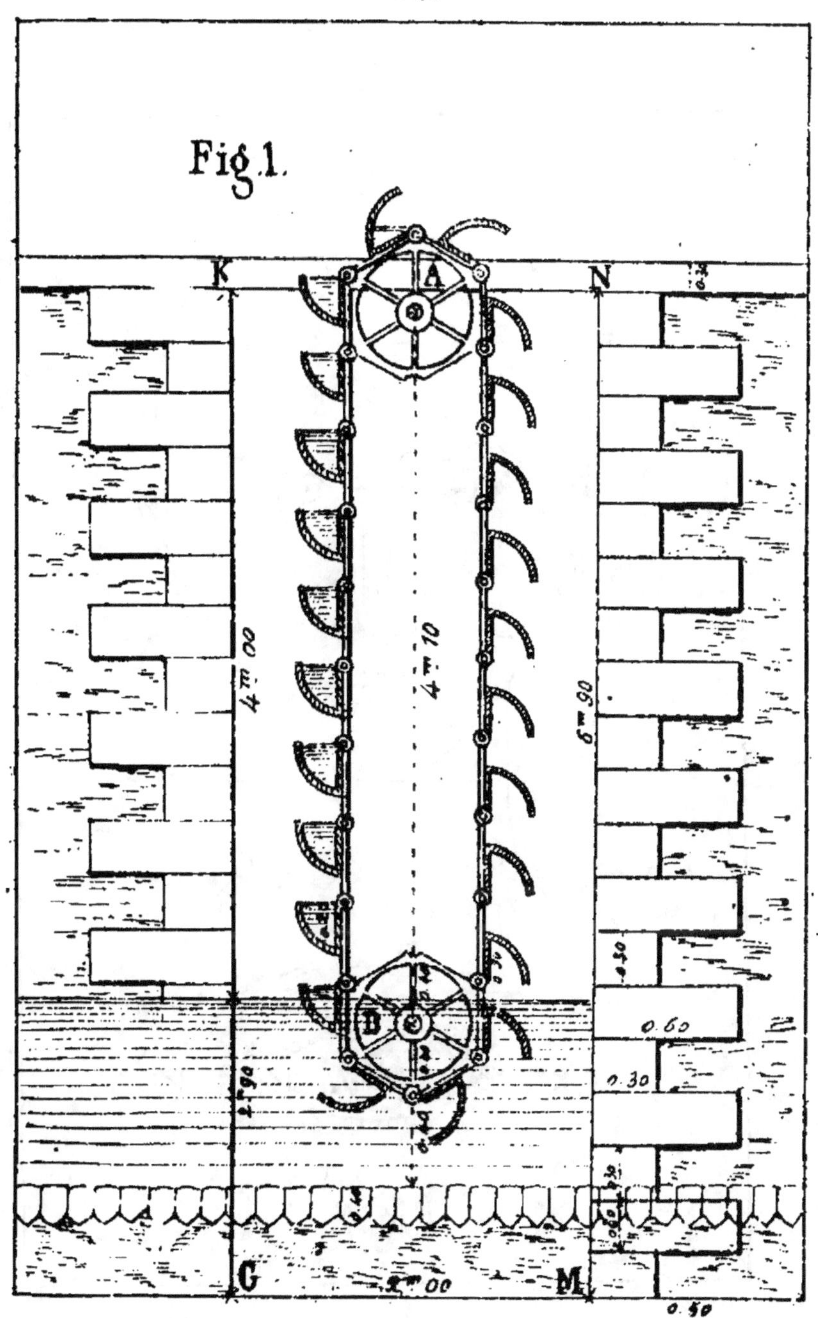

Fig.1.
K
A
N
G
D
M
4ᵐ00
4ᵐ10
6ᵐ90
0.60
0.30
0.50
2ᵐ00

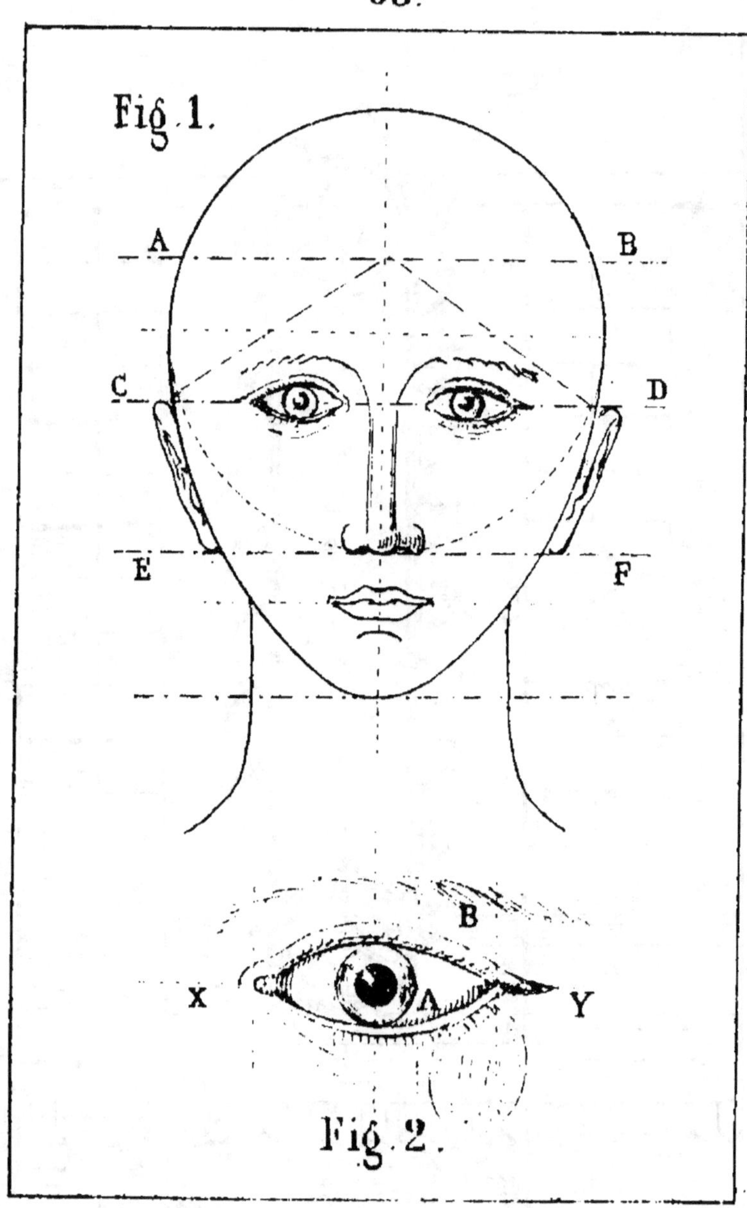
Fig. 1.
A
B
C
D
E
F
B
X
A
Y
Fig. 2.

Du dessin de a figure humaine.

Jusqu'à ce moment, les élèves ne se sont occupés que du dessin linéaire, qui se trace au moyen du compas et de la règle, et d'après des règles fixes. Dans la figure humaine il n'en est pas de même; il faut remplacer la précision par une appréciation de l'esprit au moyen de laquelle on donne à chaque partie la proportion qui lui est convenable. On prend pour comparaison une partie quelconque, l'œil, par exemple.

La première opération du tracé de la tête est le tracé de l'ovale. Cet ovale est semblable à la coque d'un œuf (fig. 1). On le divise en quatre parties égales au moyen de trois lignes horizontales et parallèles; la première AB donne la position de la ligne des cheveux sur le front; la deuxième CD, celle de la naissance du nez, et la troisième EF, le dessous du nez. Il est aussi partagé verticalement, en deux parties égales, par son grand axe. On place les yeux sous la ligne CD. Entre les yeux il y a une distance égale à la longueur d'un œil. La grosseur du cou est égale à la distance des extrémités des sourcils.

Etudions maintenant chaque partie séparément. L'œil, vu de face, se divise en trois parties égales; la hauteur est égale à l'une de ces parties (fig. 2). Il est composé de la prunelle A, des paupières B et des cils. Le centre de la prunelle se trouve au milieu de la deuxième division, et un peu au-dessus de la ligne AY, qui passe par les deux extrémités.

Le nez (fig. 1) a la même largeur que l'œil ; la distance du nez à la bouche est le tiers de la largeur du nez. La longueur de la bouche (fig. 2) est une fois et demie celle de l'œil. L'oreille se place sur la même ligne que le nez, et elle a la même hauteur.

Quand on connaît le tracé de chacune de ces parties, on peut les tracer dans l'ovale en les mettant dans leurs positions respectives.

Pour tracer la tête de profil (fig. 3), on trace une circonférence ayant pour rayon la largeur et demie d'une division de l'ovale, puis les trois lignes parallèles, savoir : AB, CD, EF.

On partage la hauteur HK en trois parties égales et on mène par la deuxième division une horizontale jusqu'à la rencontre de la circonférence au point O, et de ce point comme centre, avec OM ou OA pour rayon, on trace un arc de cercle, puis on achève la figure en donnant à l'œil une division et demie.

Nous ne voulons pas nous arrêter plus longtemps sur ce genre de dessin, car nous serions forcé de sortir des limites que nous nous sommes imposées en faisant ce petit cours de dessin pour les jeunes enfants.

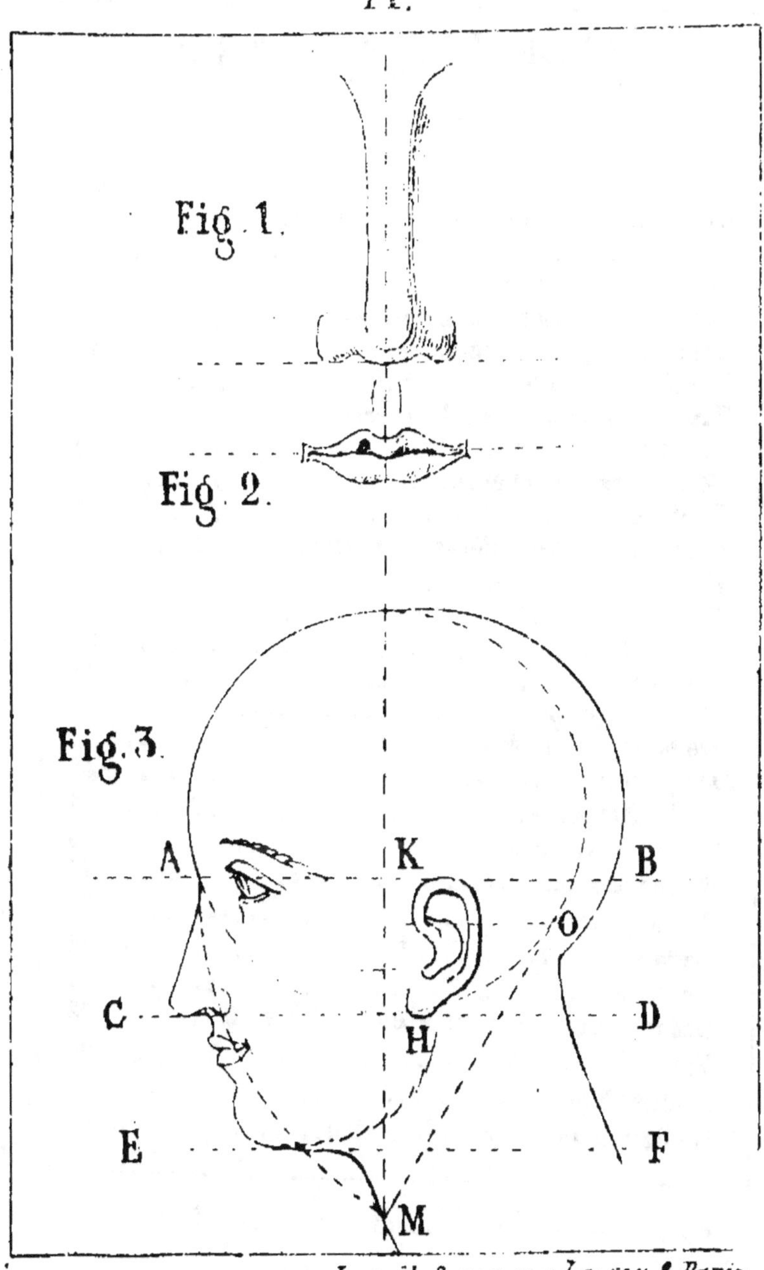

Imp. lith. Ramousse r Larrey 8, Paris

TABLE DES MATIÈRES

	Pages
De la ligne et Notions préliminaires	2
Du Cercle	6
Construction des triangles	9
Construction des quadrilatères	10
Tracé des perpendiculaires	14
Tracé des parallèles au compas	18
Tracé des parallèles à l'équerre	18
Construire un chevalet	25
Construire une chèvre	26
Porte-barrière	29
Du cercle et des différentes parties du cercle	30
Polygones réguliers	30
Des lignes courbes usuelles	34
Des fondations	38
Du plan	41
De la maçonnerie	41
De la façade latérale	42
Du plomb	42
De la charpente	45
De la Couverture	45
Ferme Double	49
Des Moufles	54
De la vis	58
Du Cric	61
Des machines servant à élever les eaux	62
Vis d'Archimède	66
Chaînes à godets	66
Du dessin de la figure humaine	69

PARIS. — IMP. VICTOR GOUPY, RUE GARANCIÈRE, 5.

www.ingramcontent.com/pod-product-compliance
Lightning Source LLC
LaVergne TN
LVHW022314170726
843503LV00006B/2497